Dieses Ramadan Ausmalbuch gehört:

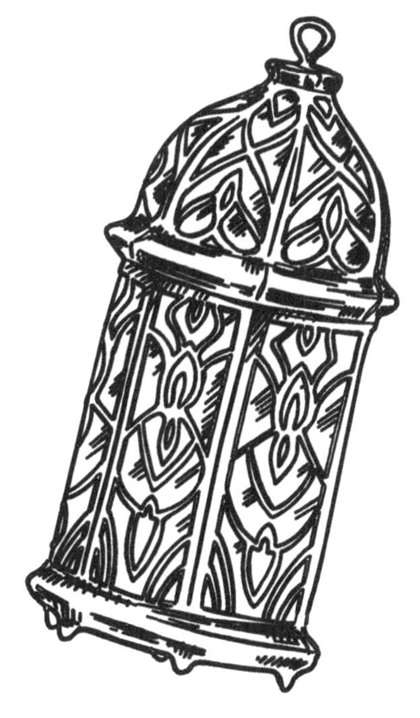

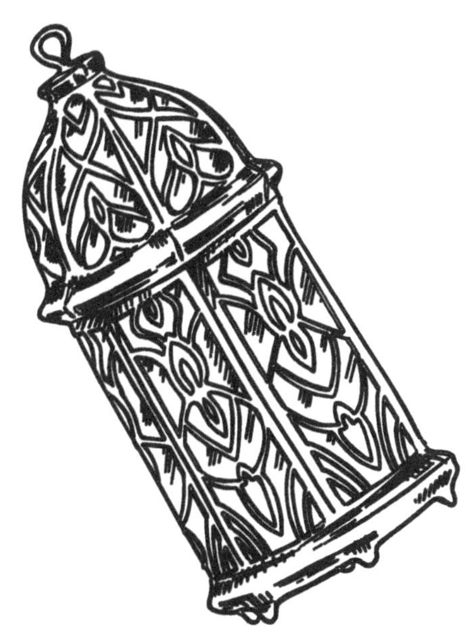

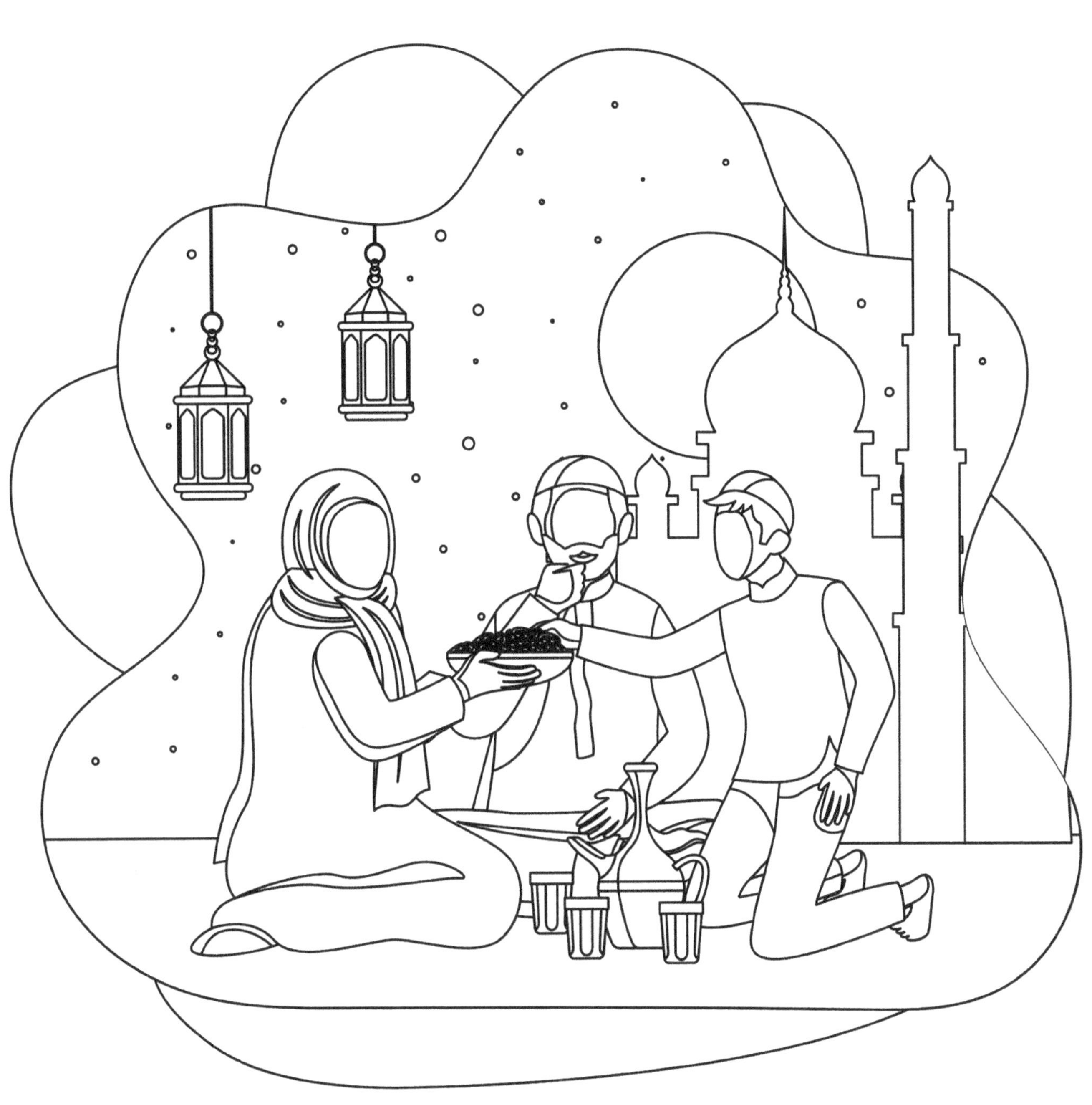

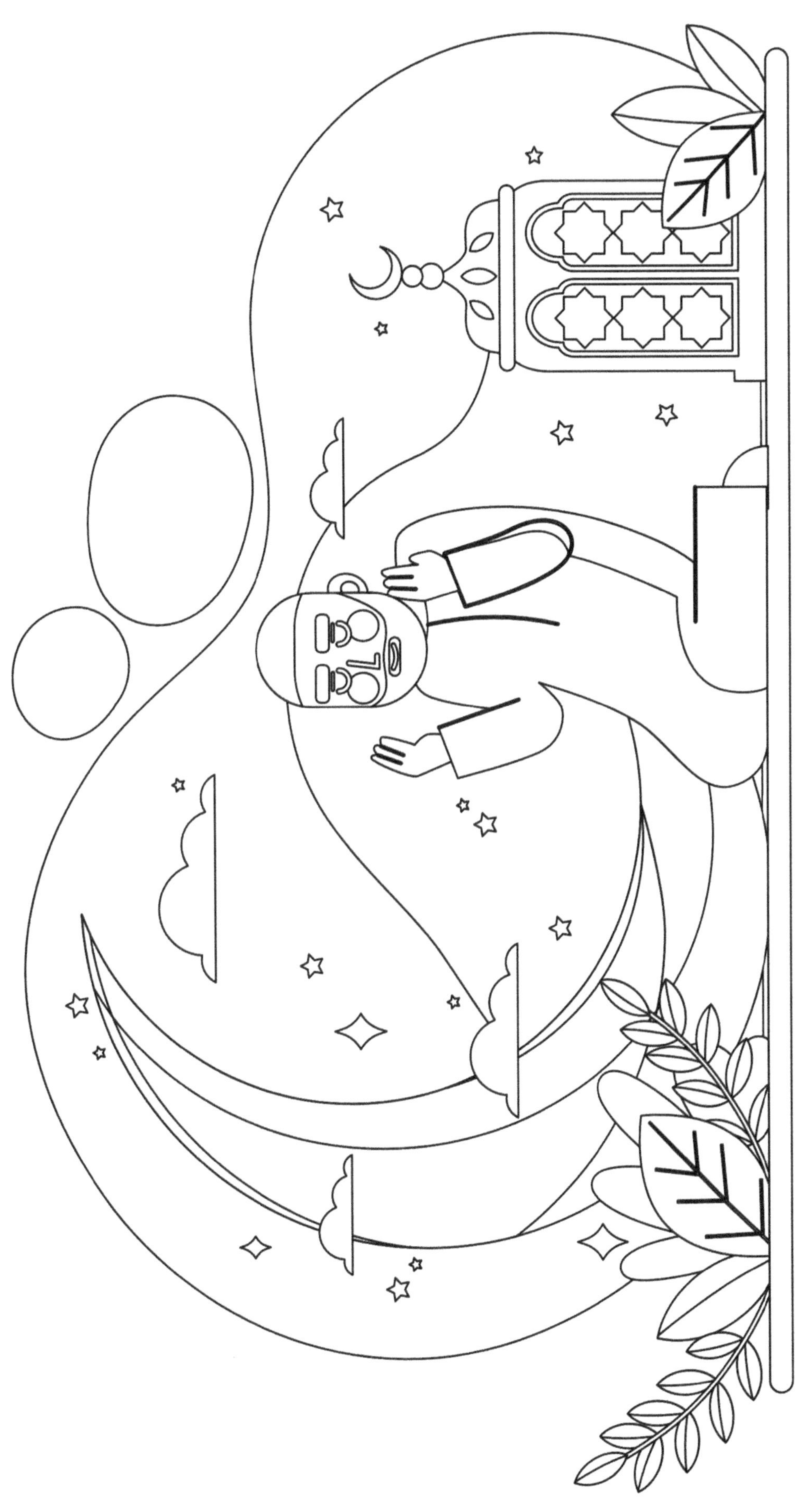

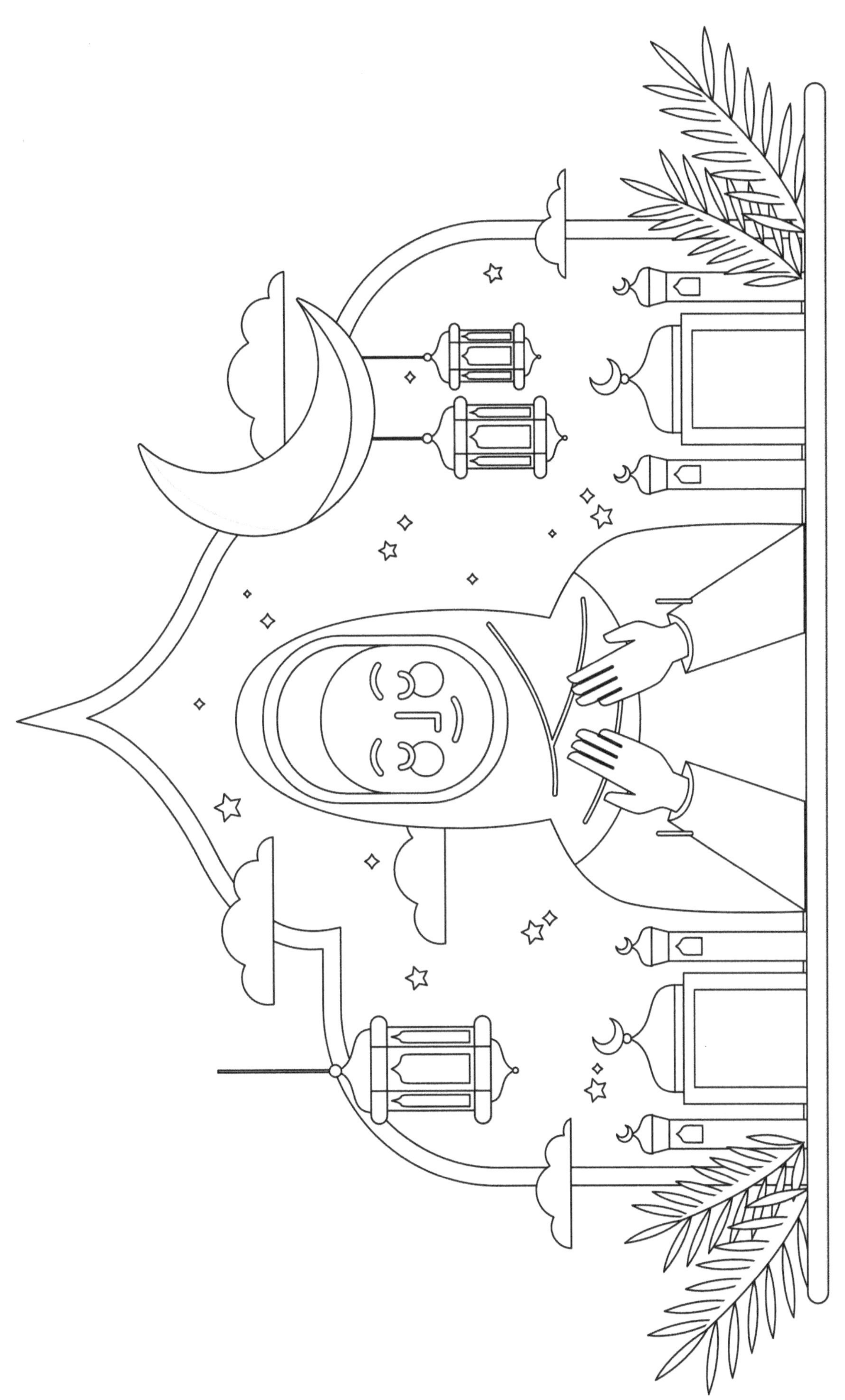

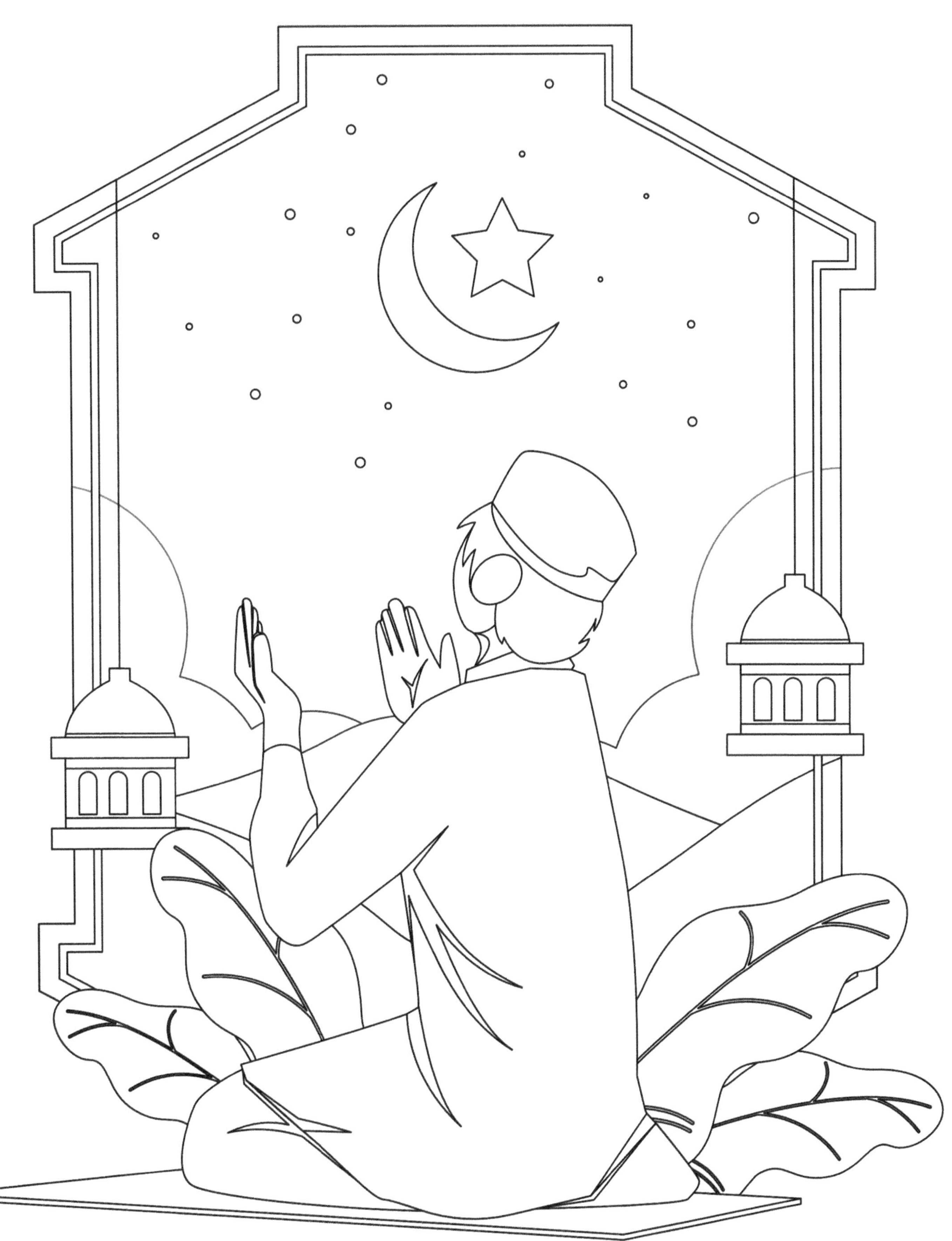

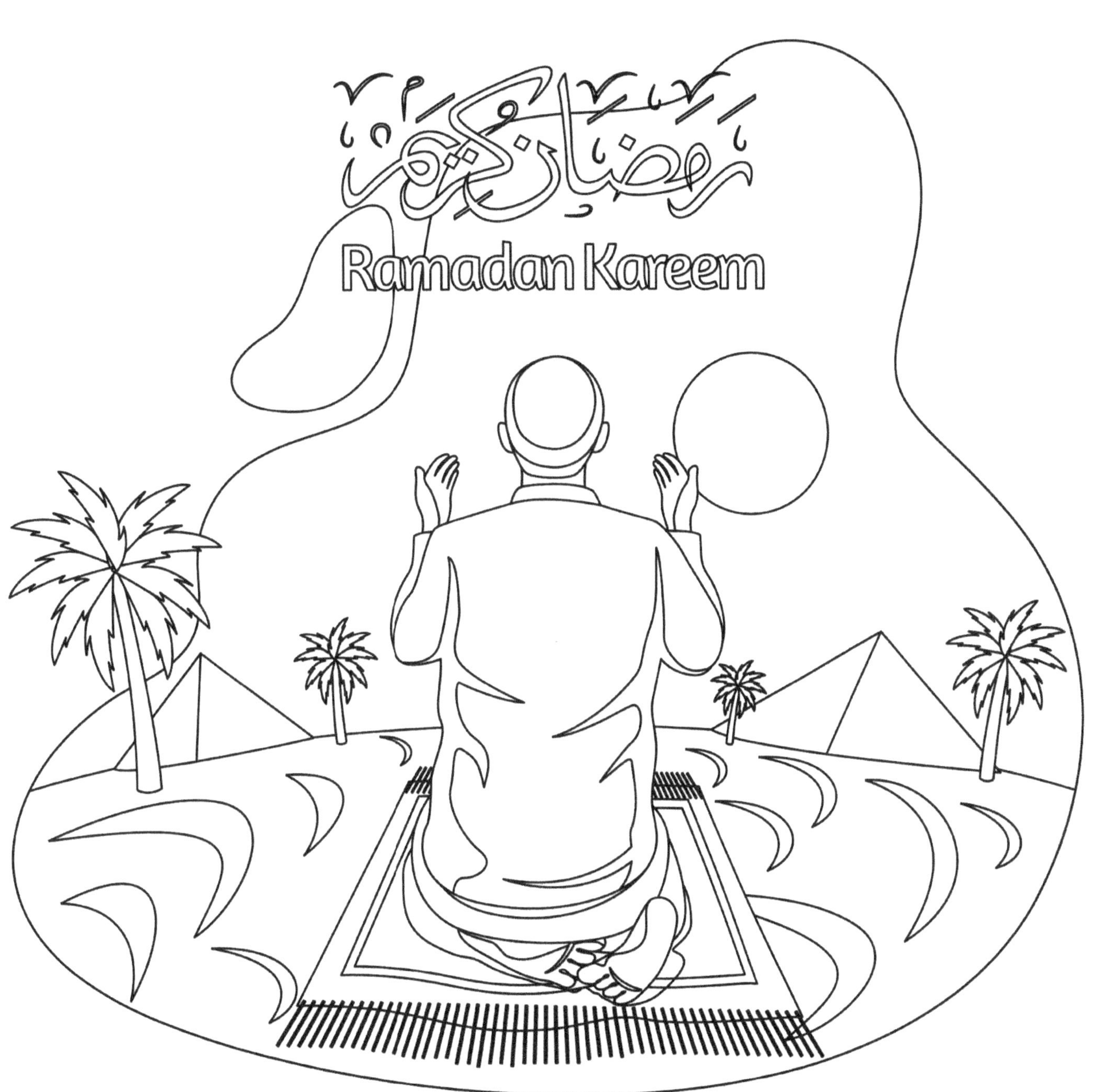

رمضان كريم
Ramadan Kareem

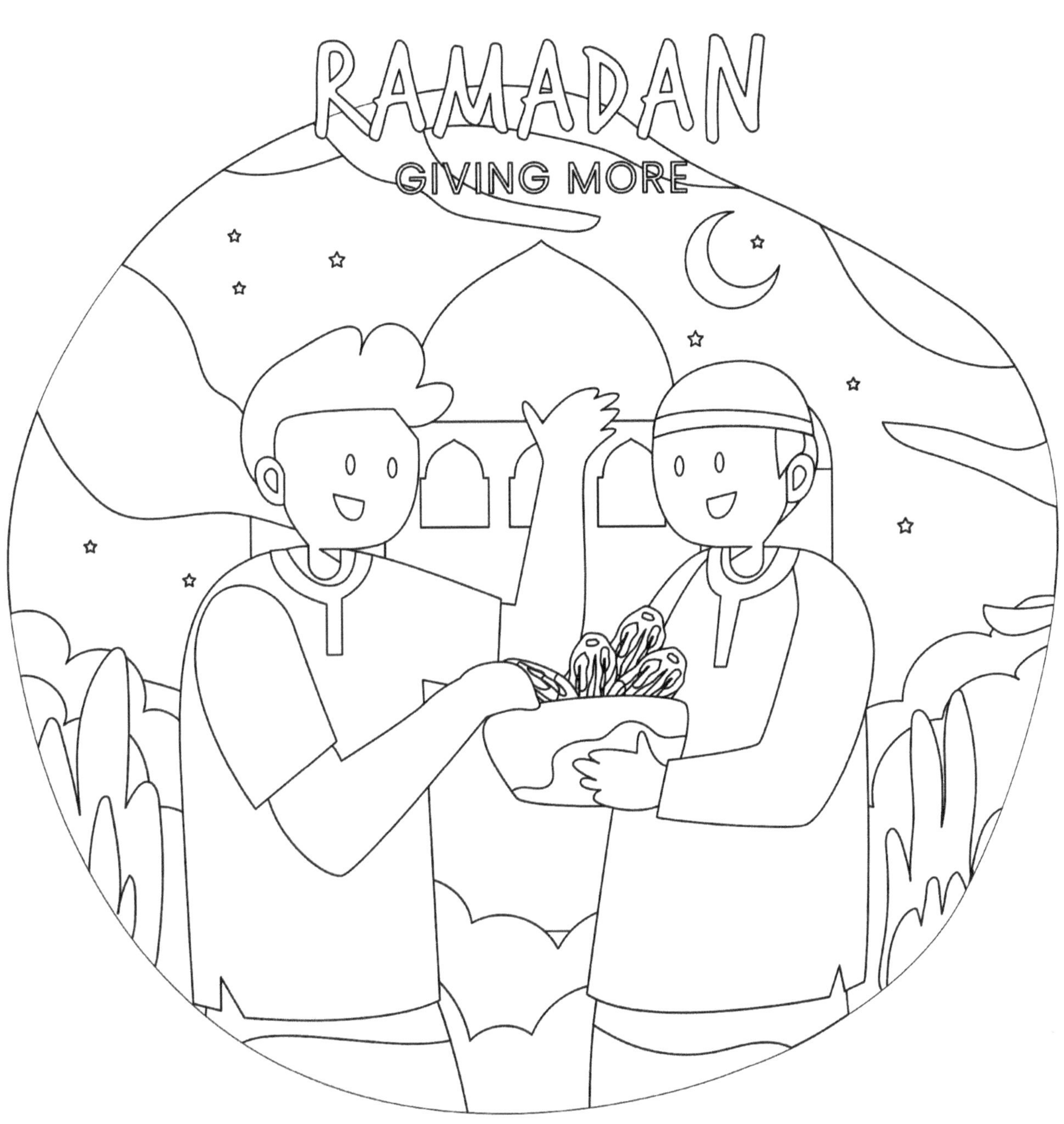

RAMADAN
GIVING MORE

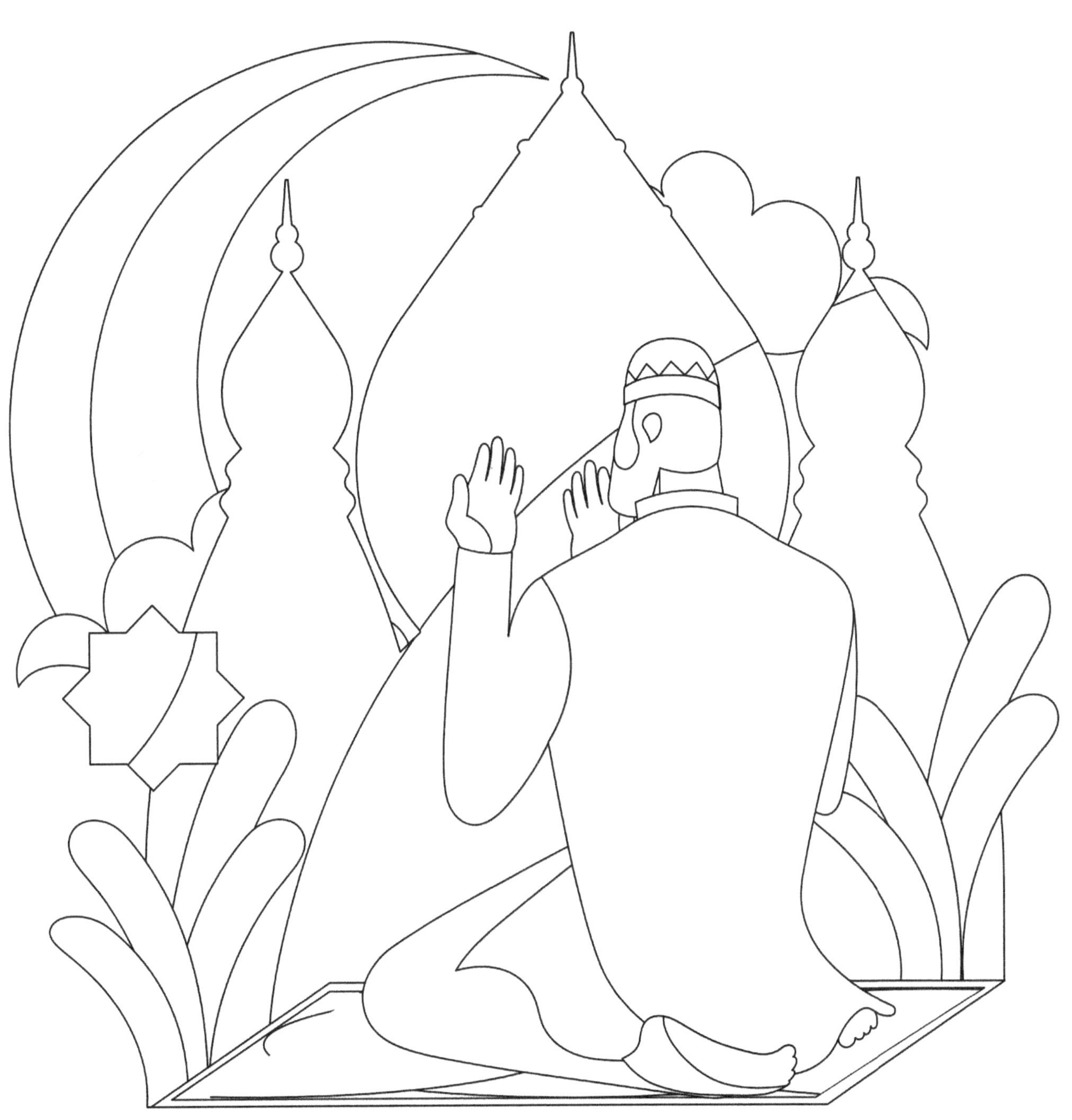

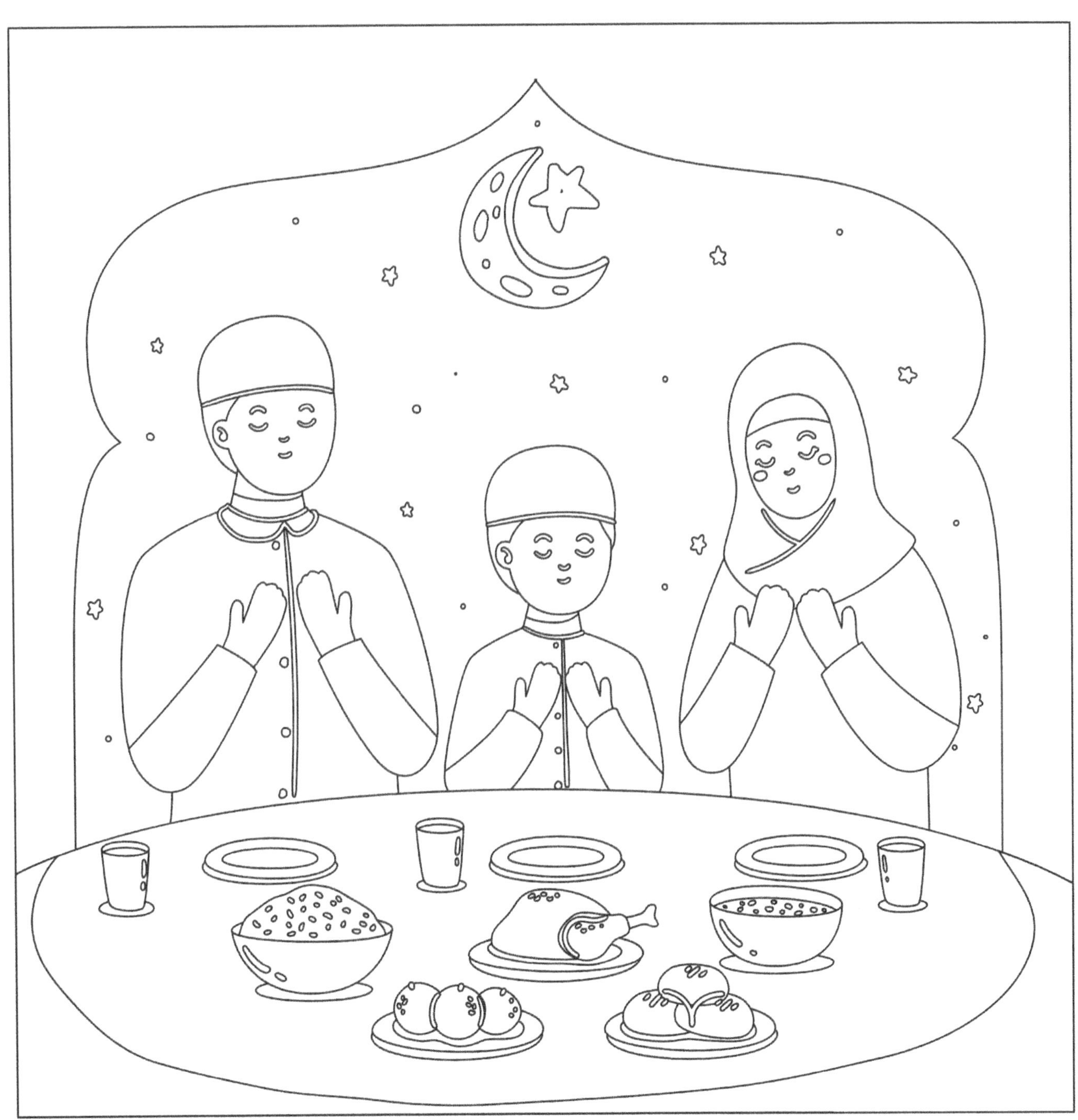

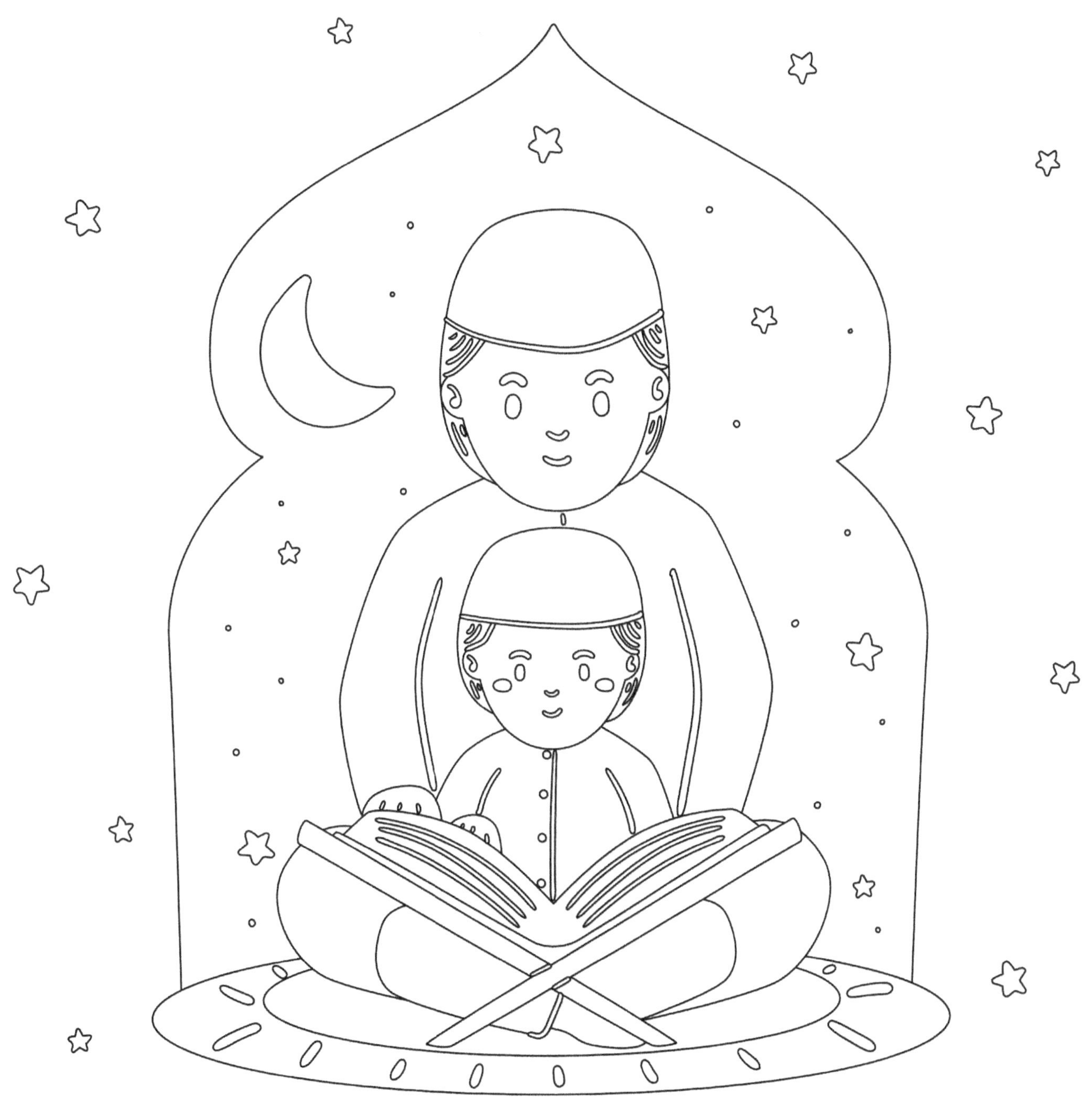

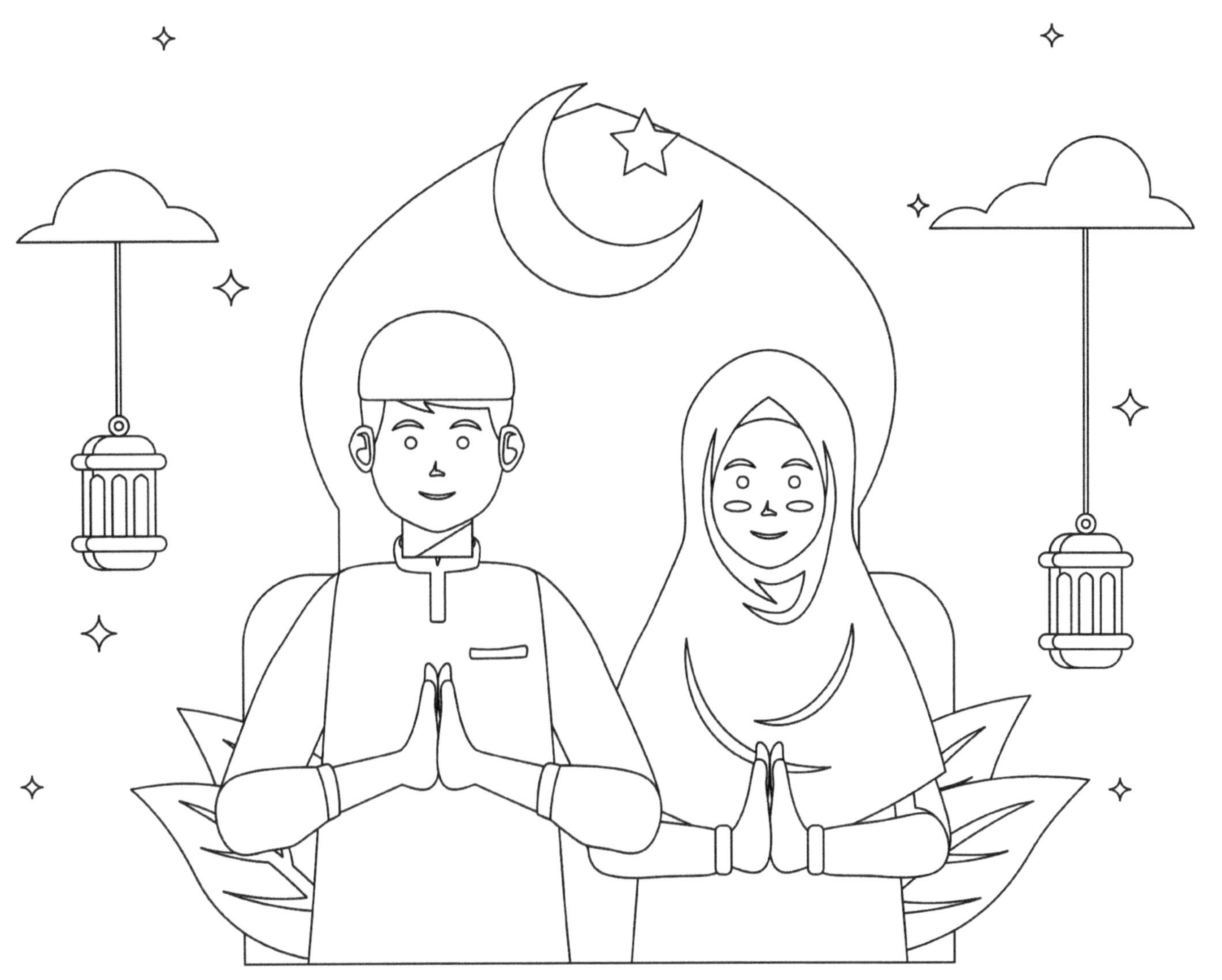

RAMADAN
- KAREEM -

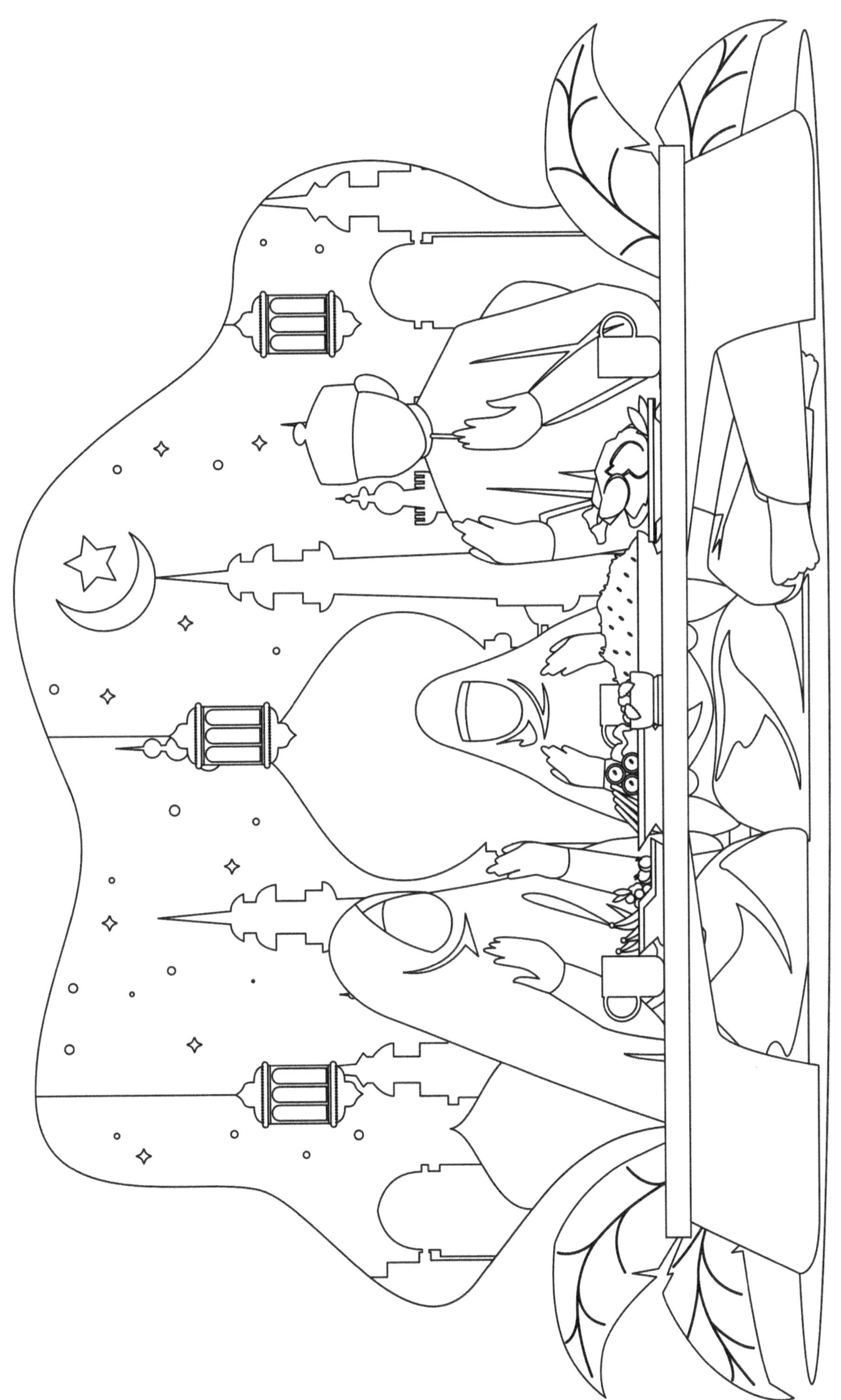

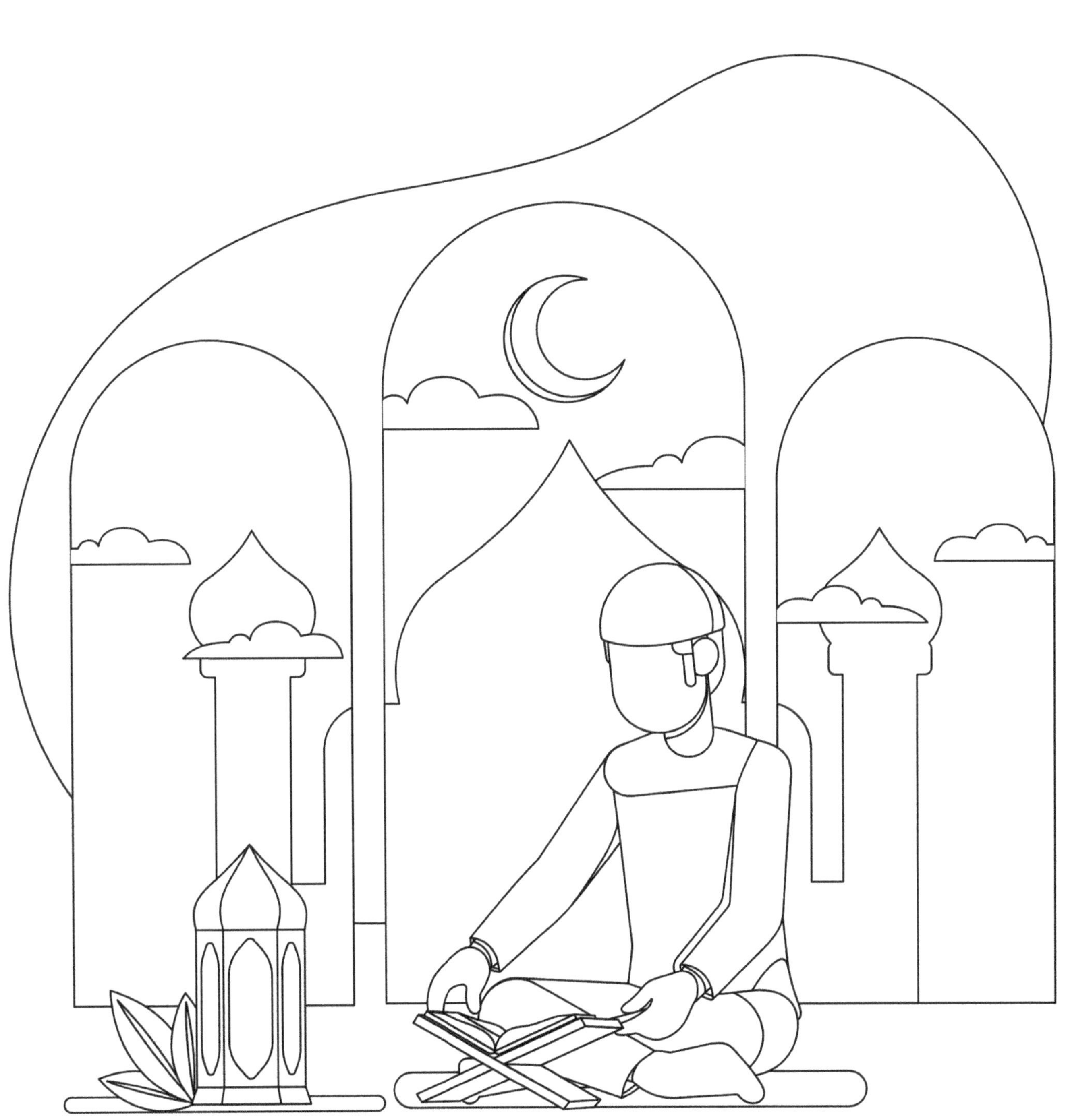

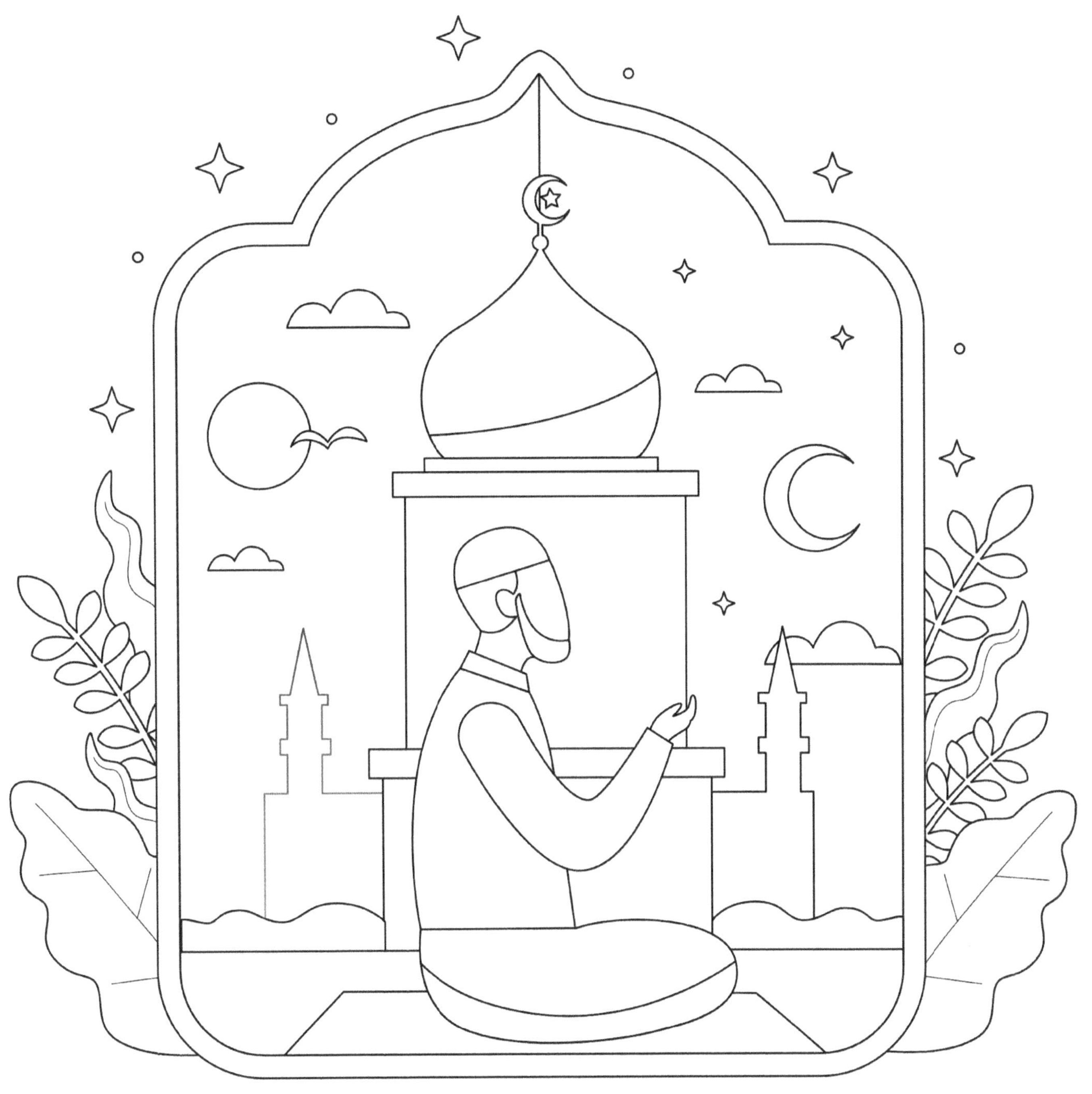

Ramadan Kareem

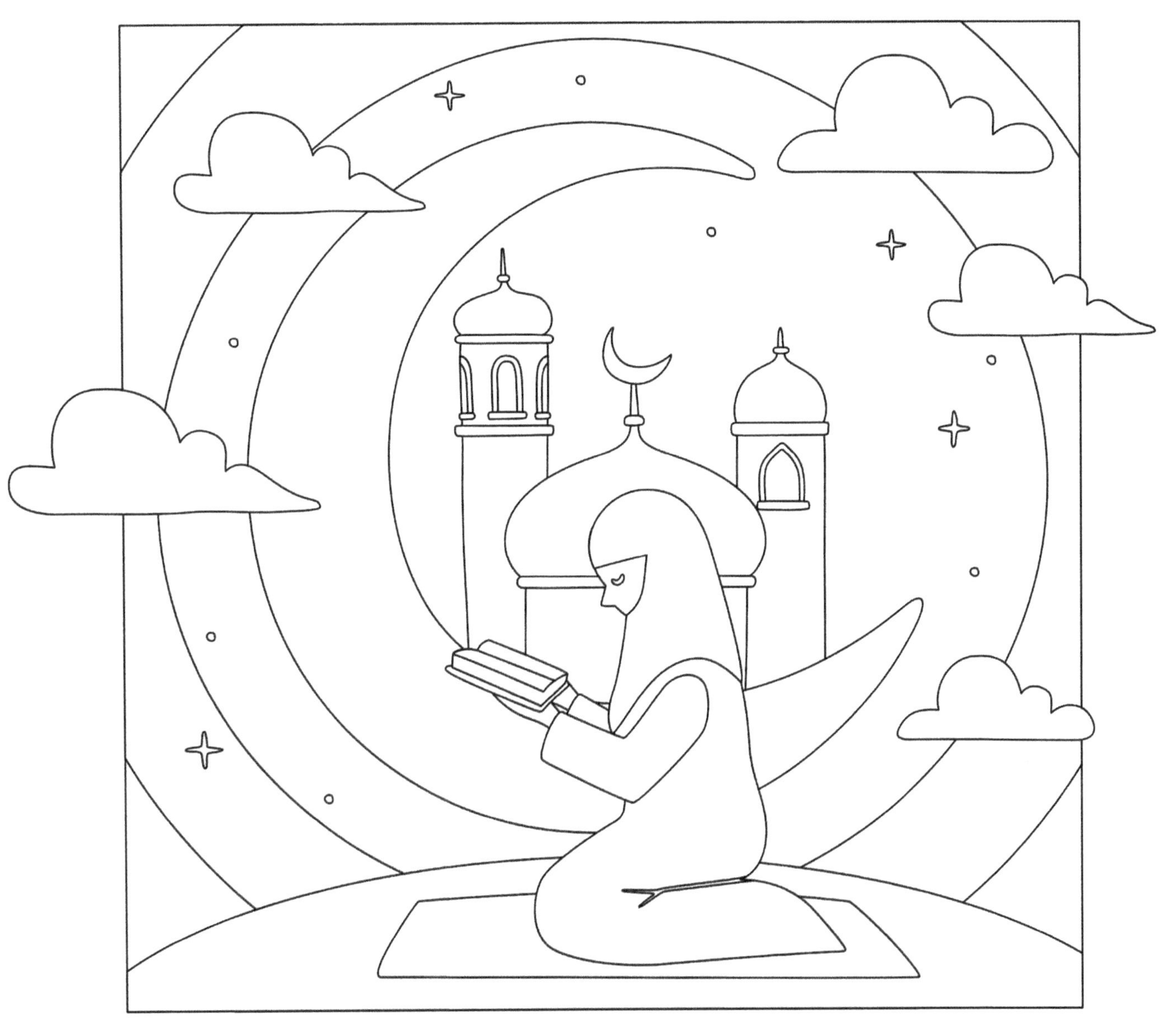

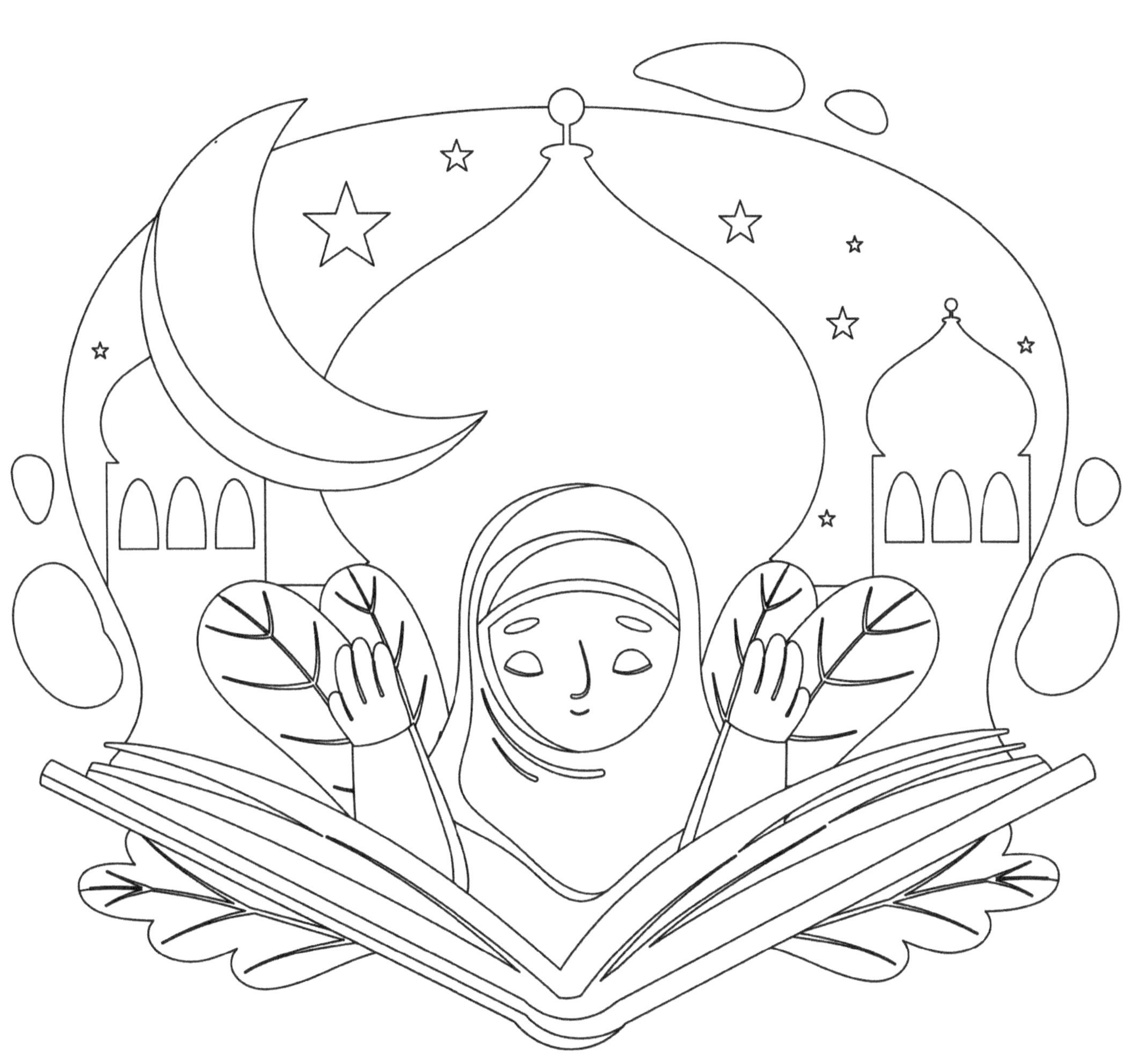

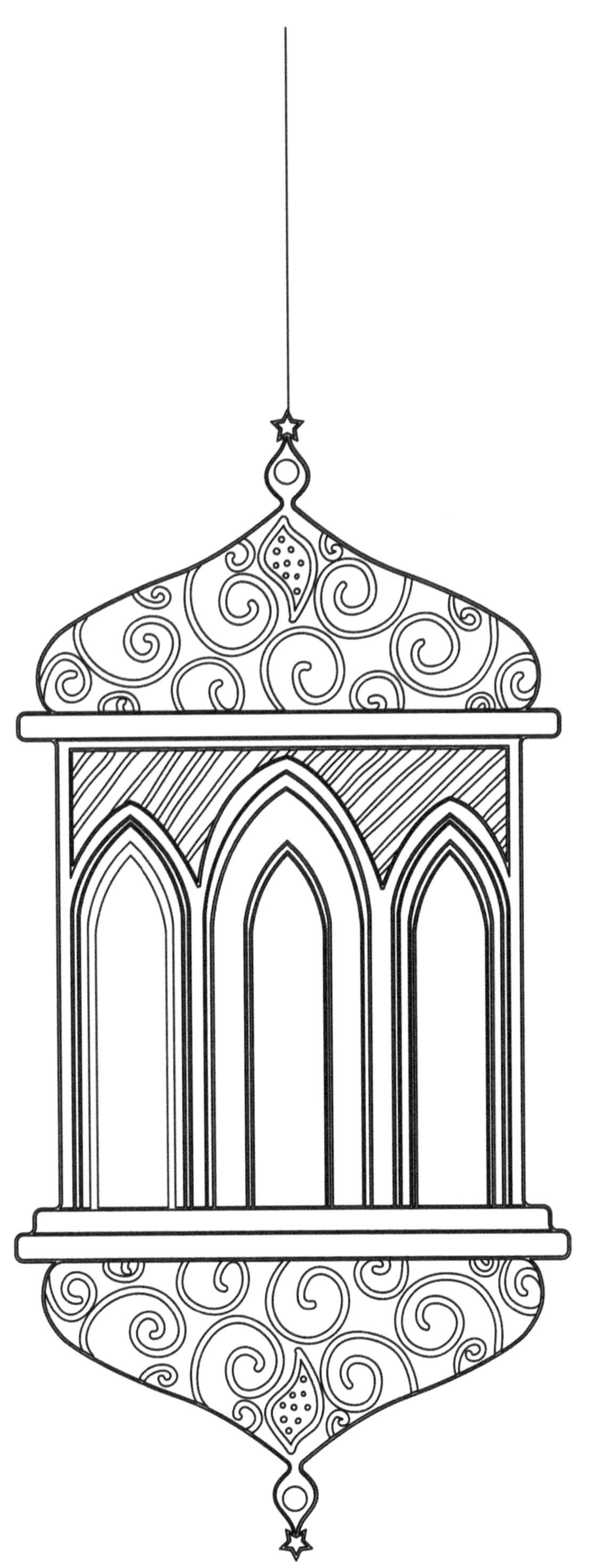

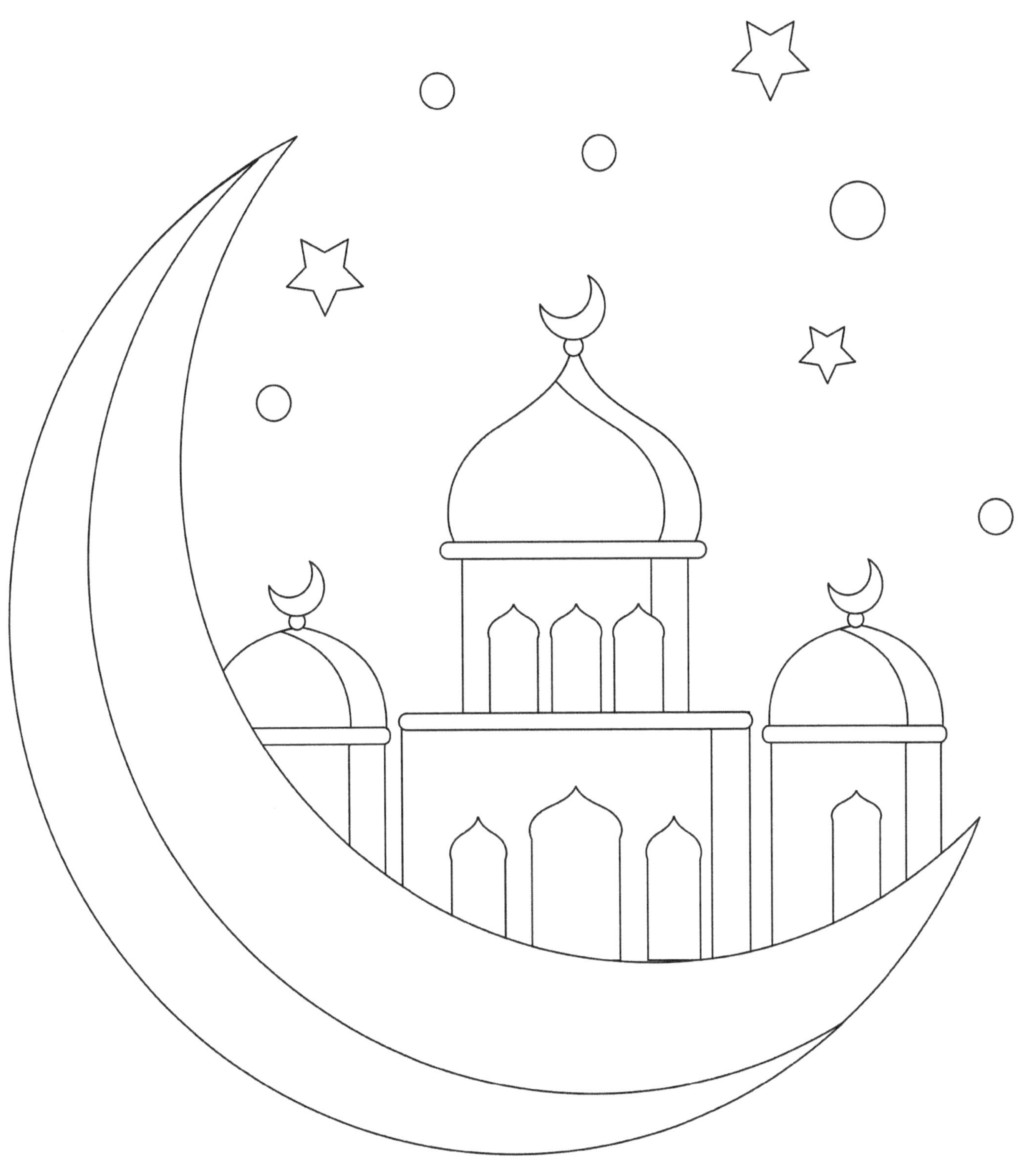

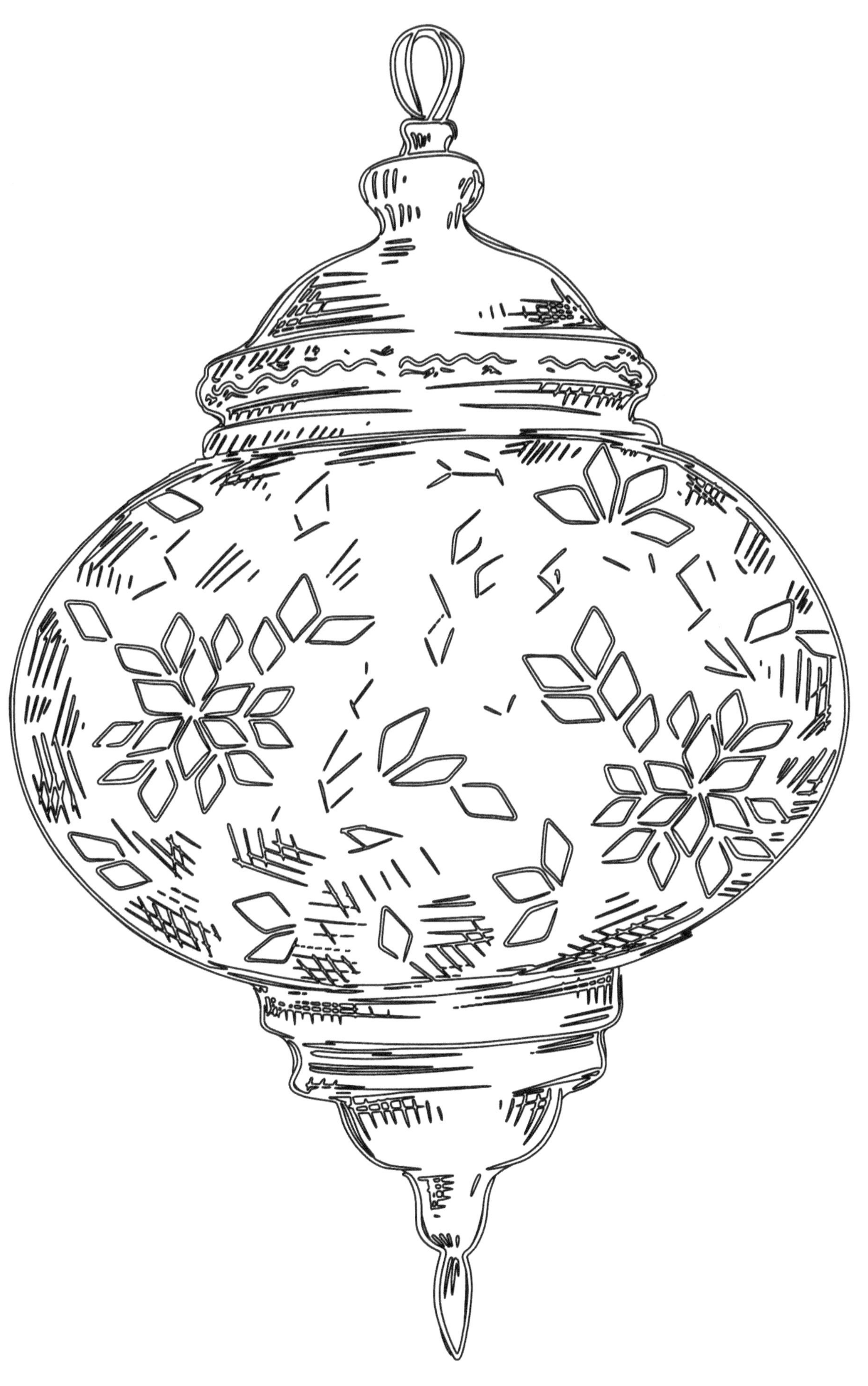

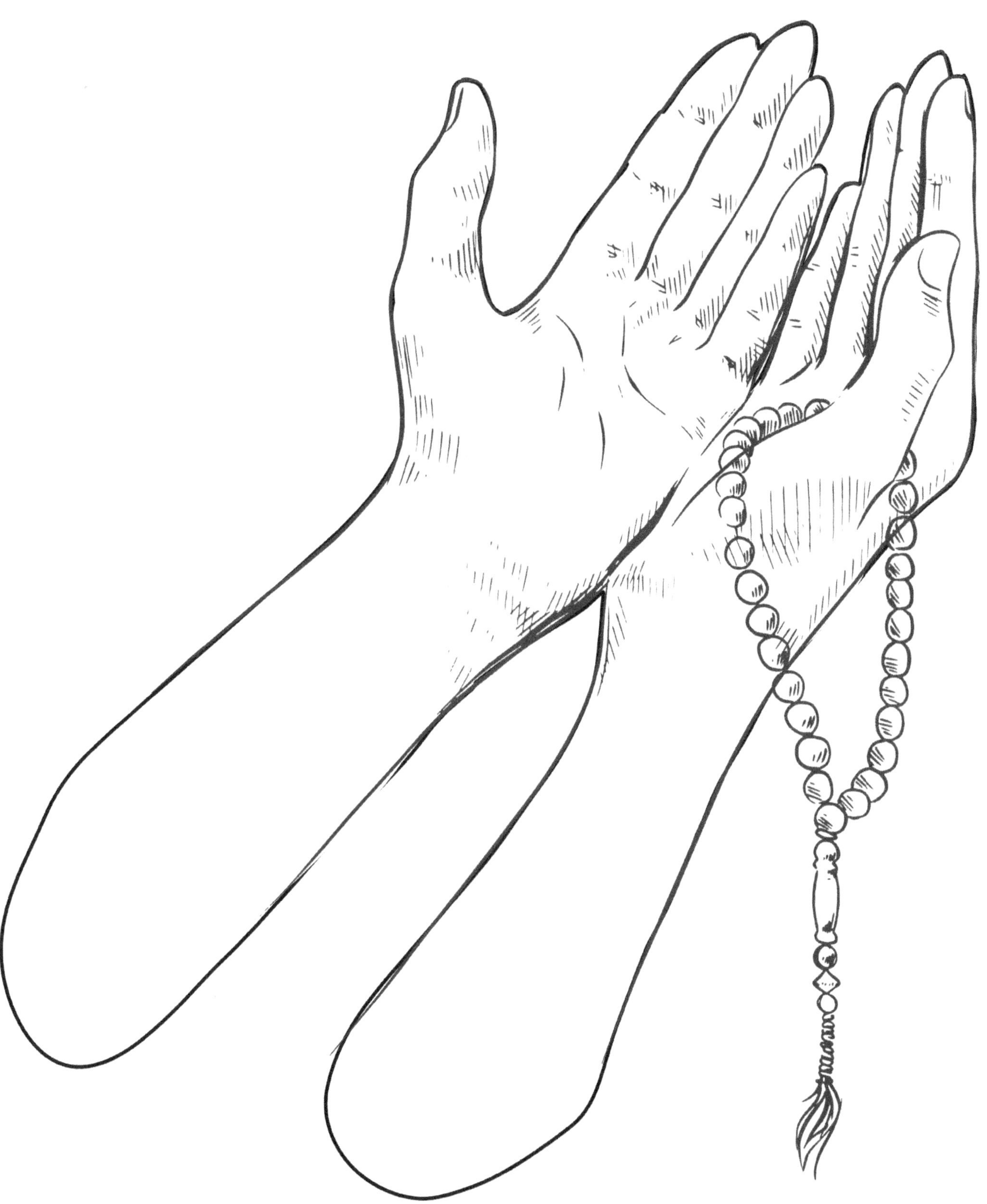

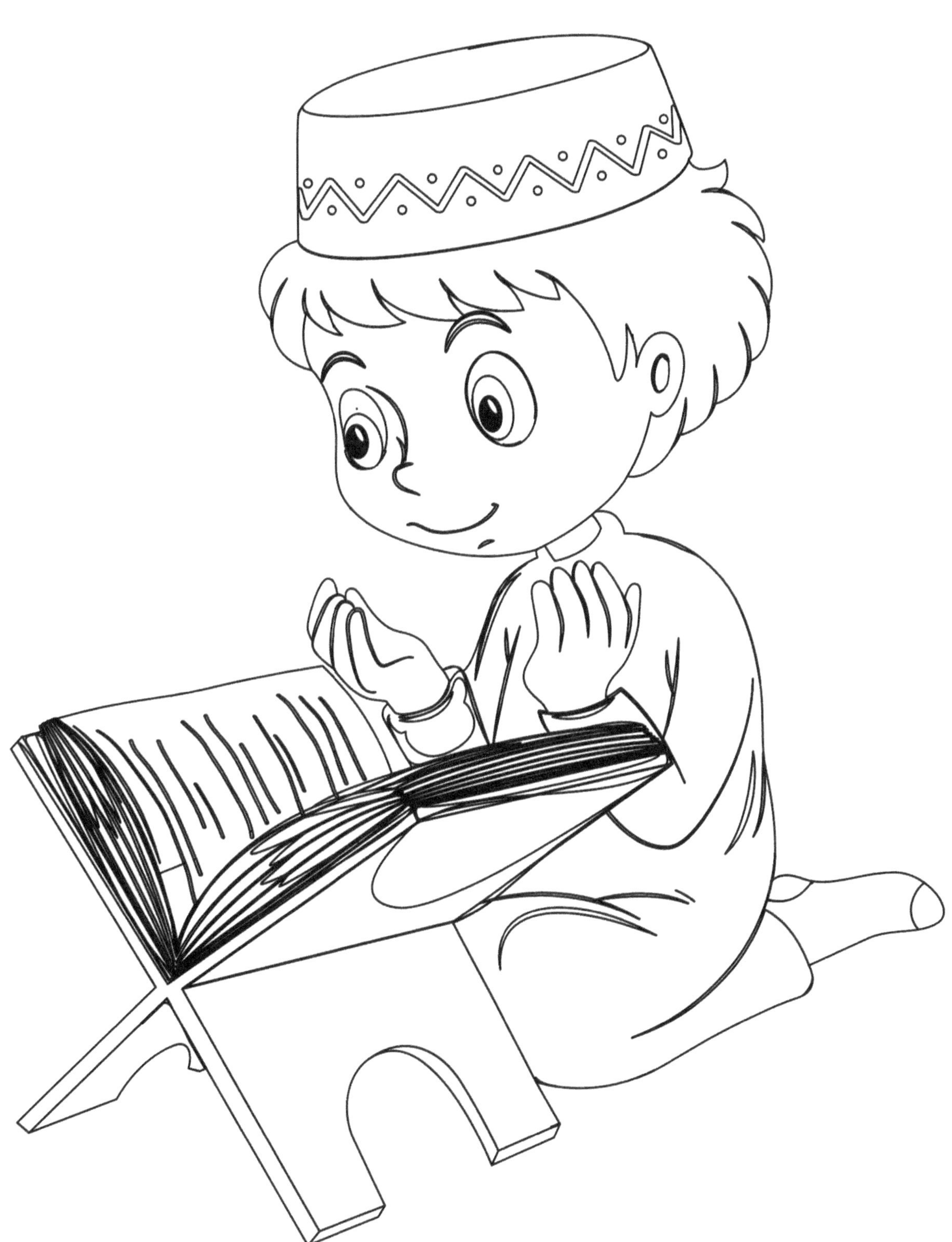

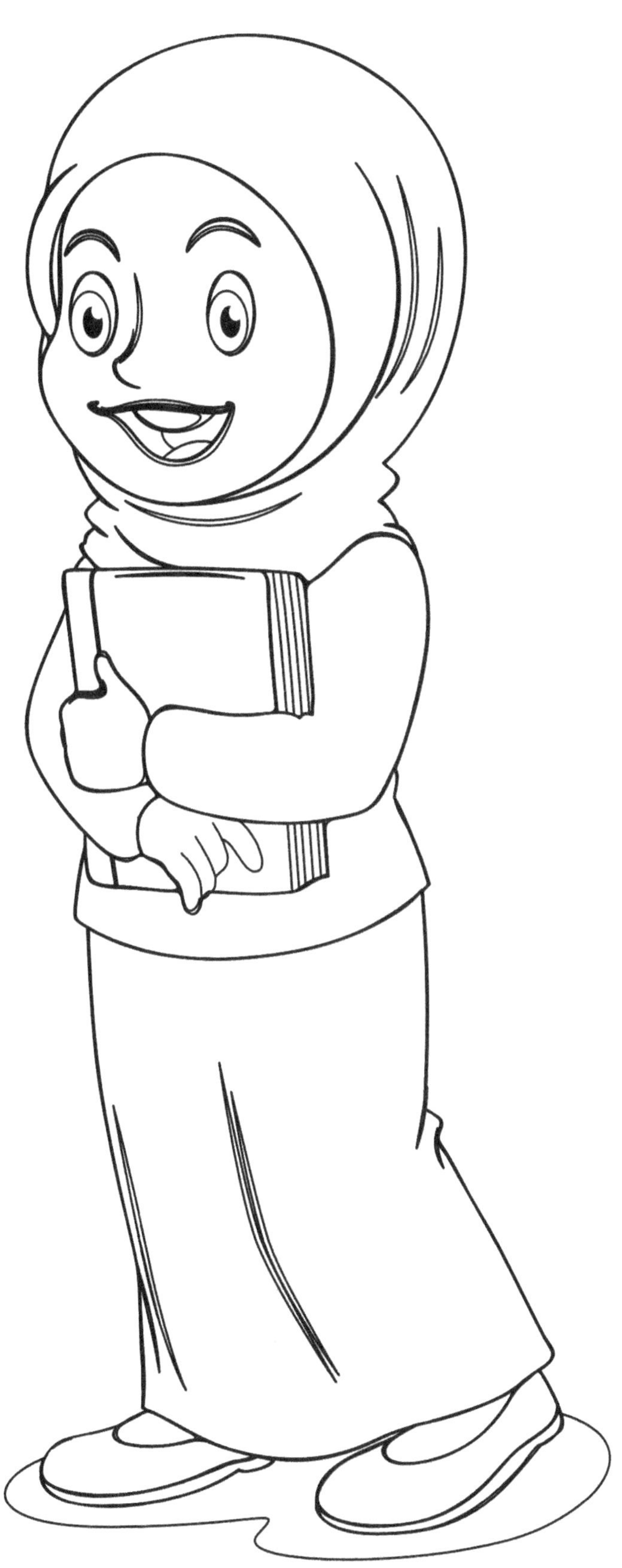

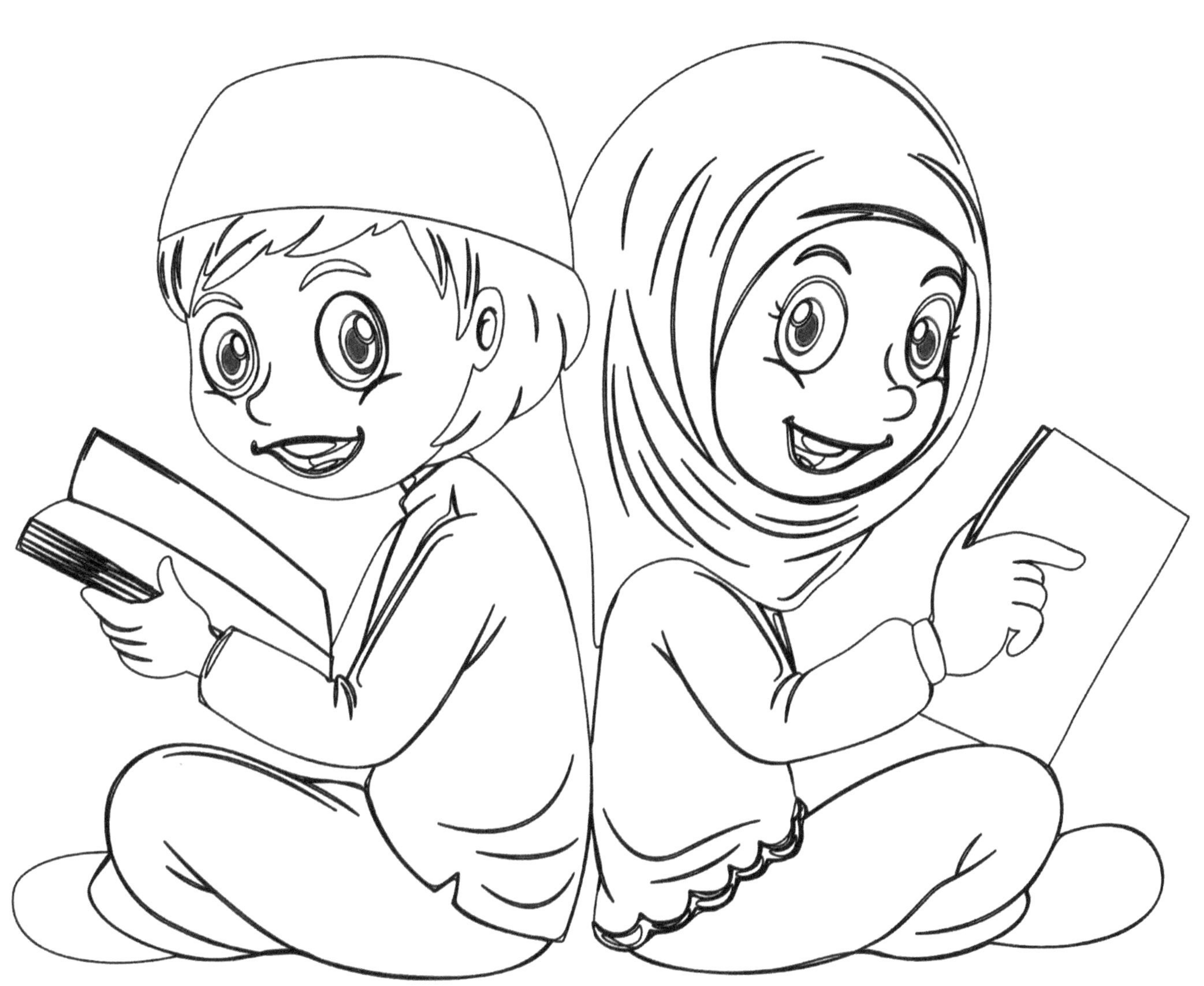

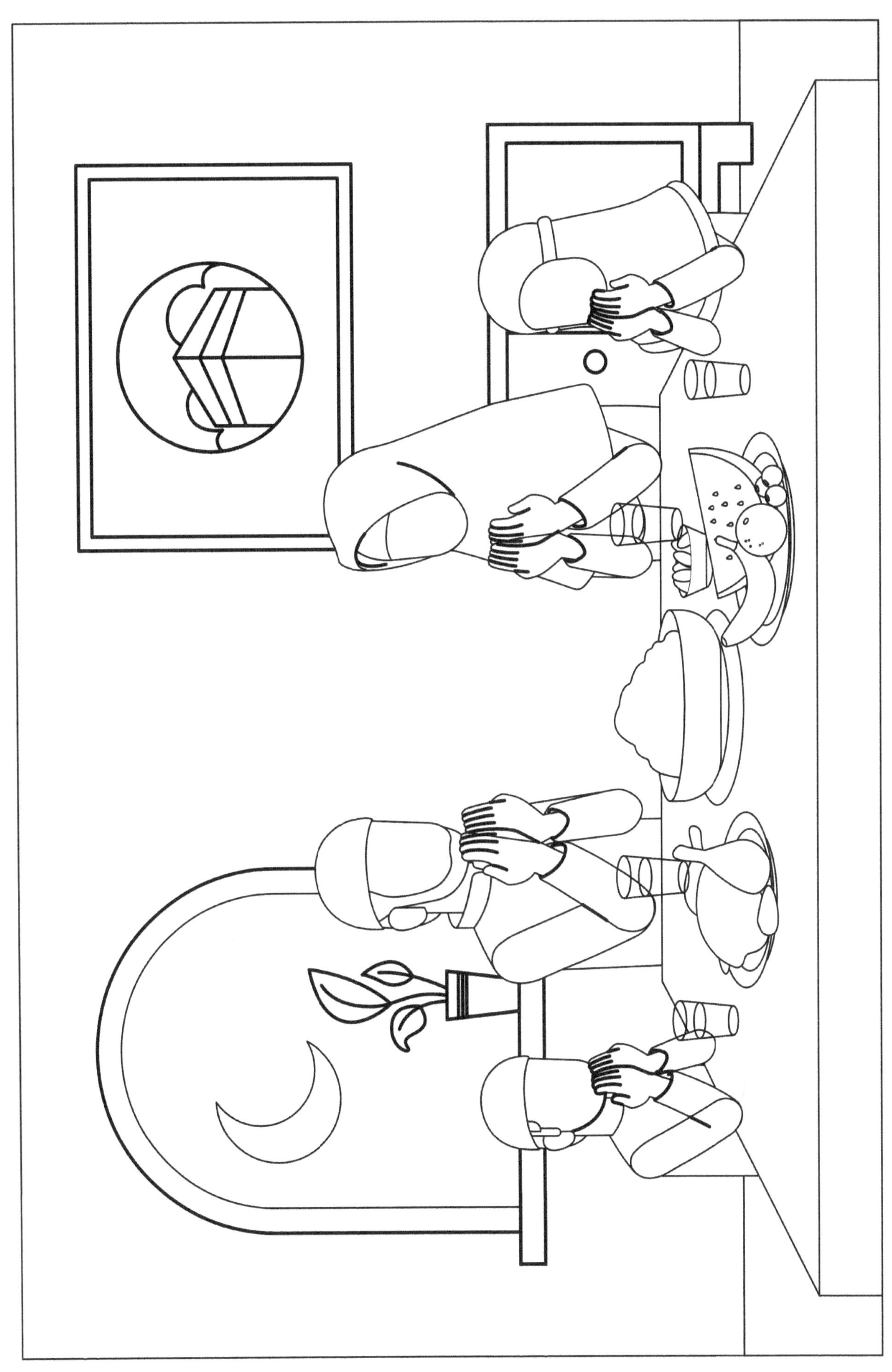

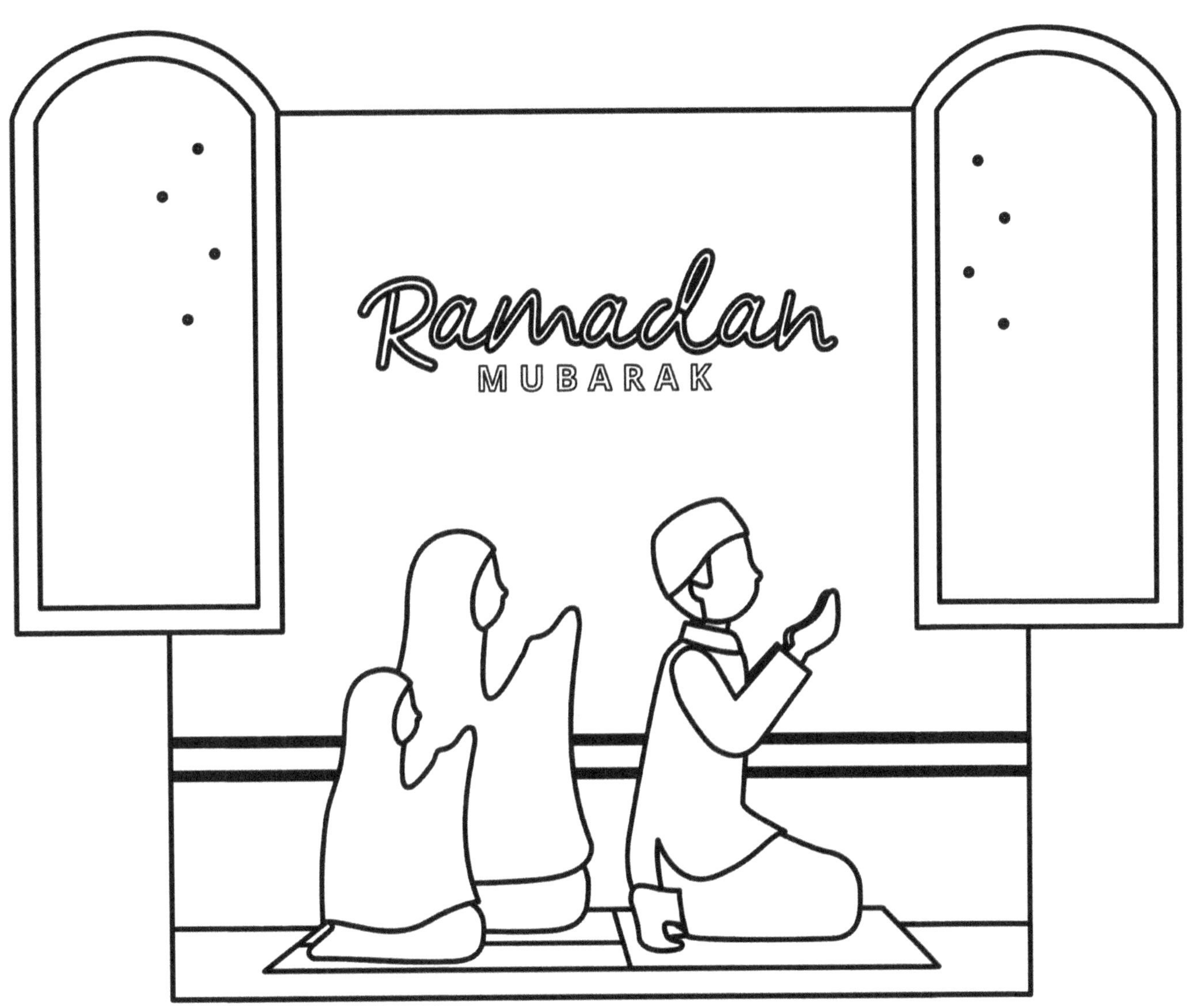

Ramadan
MUBARAK

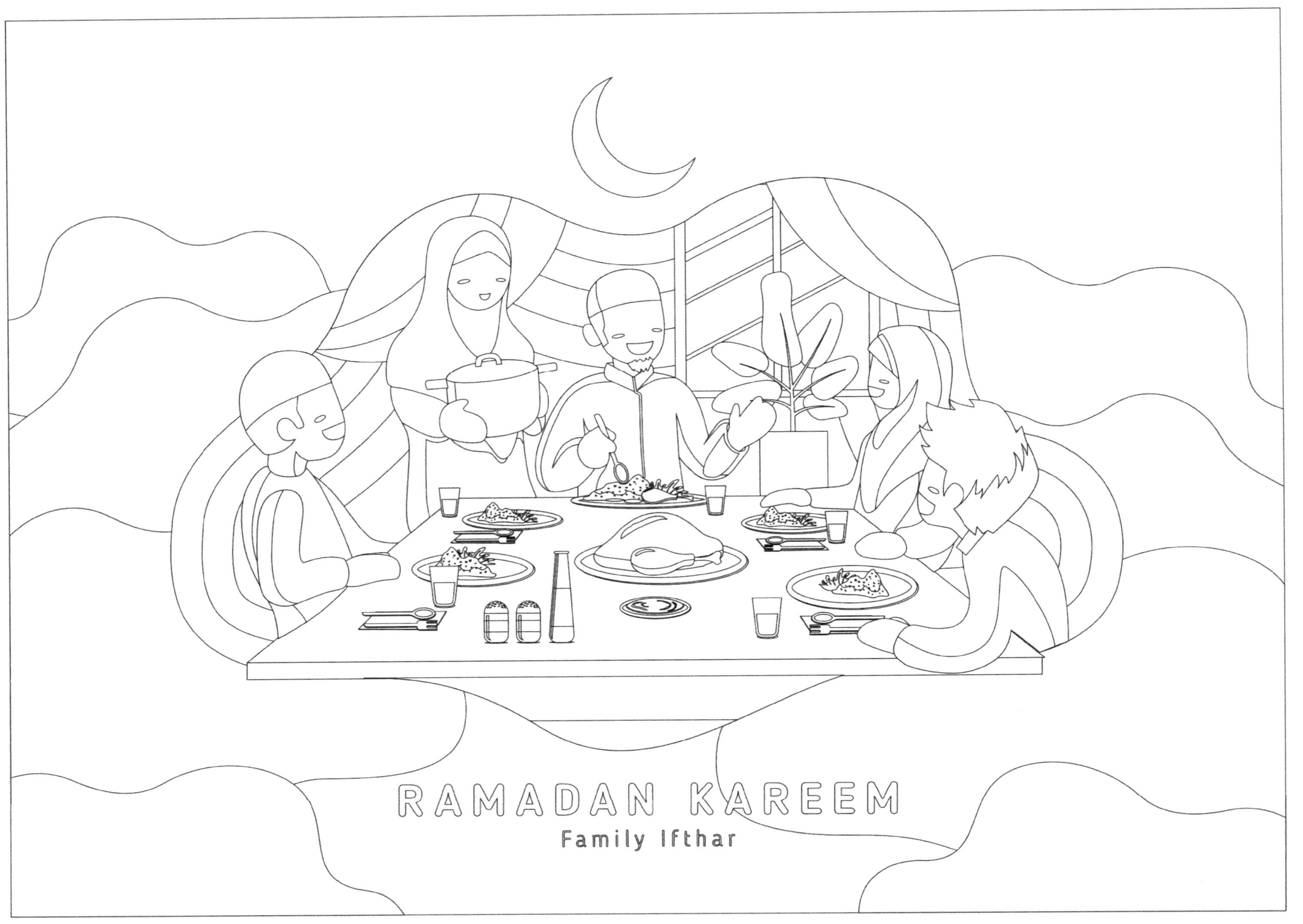

RAMADAN KAREEM
Family Ifthar

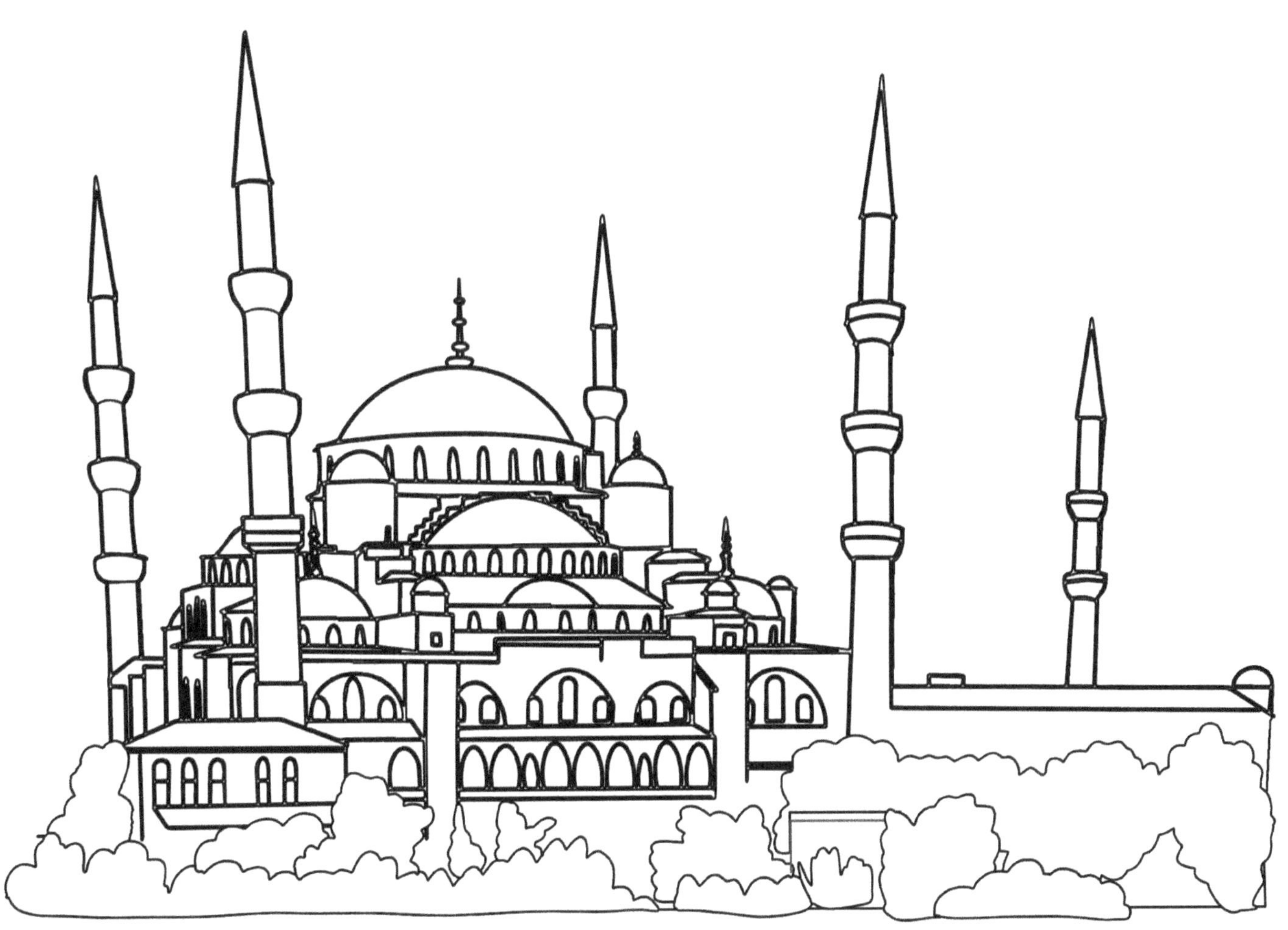

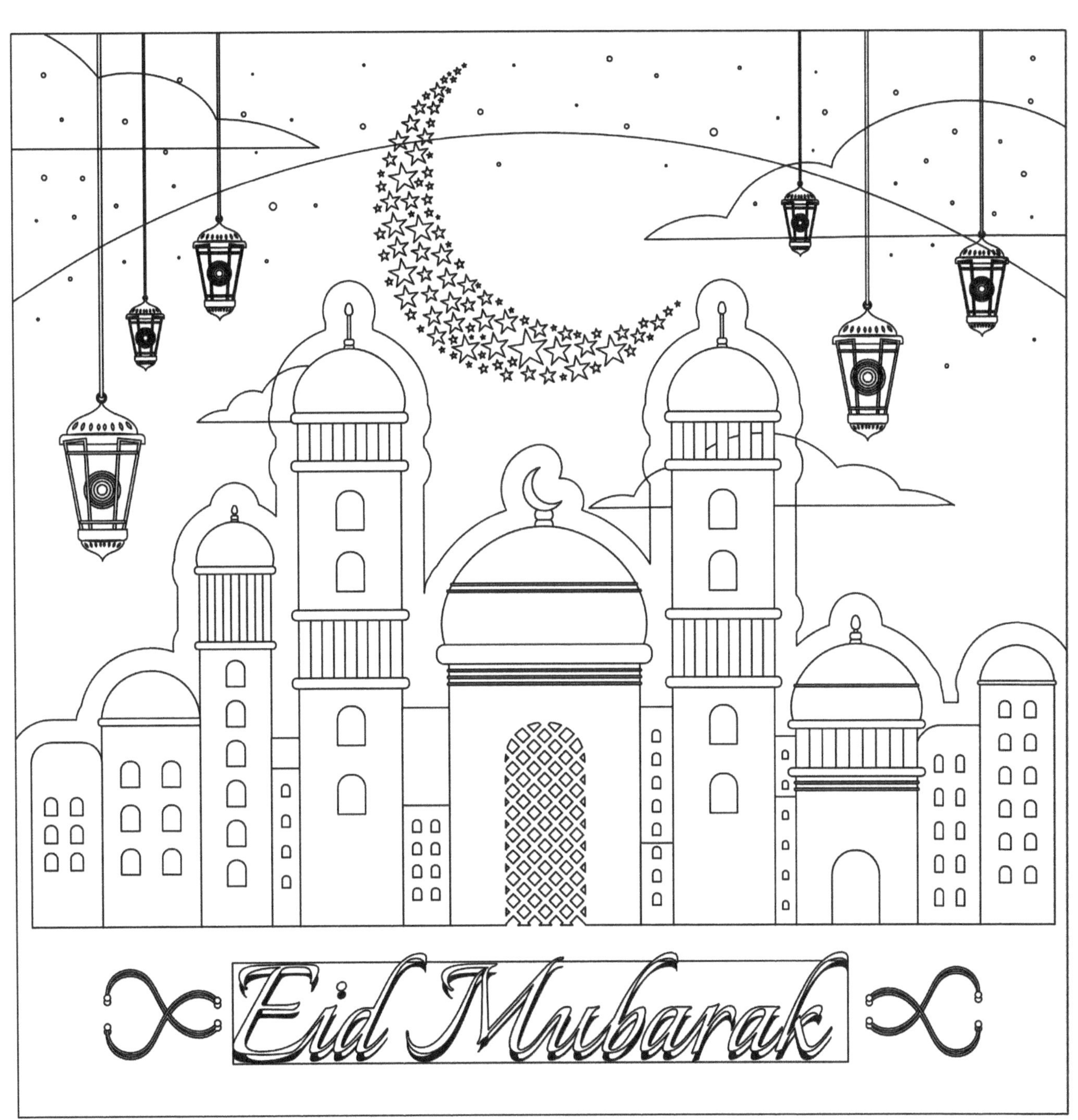

Eid Mubarak

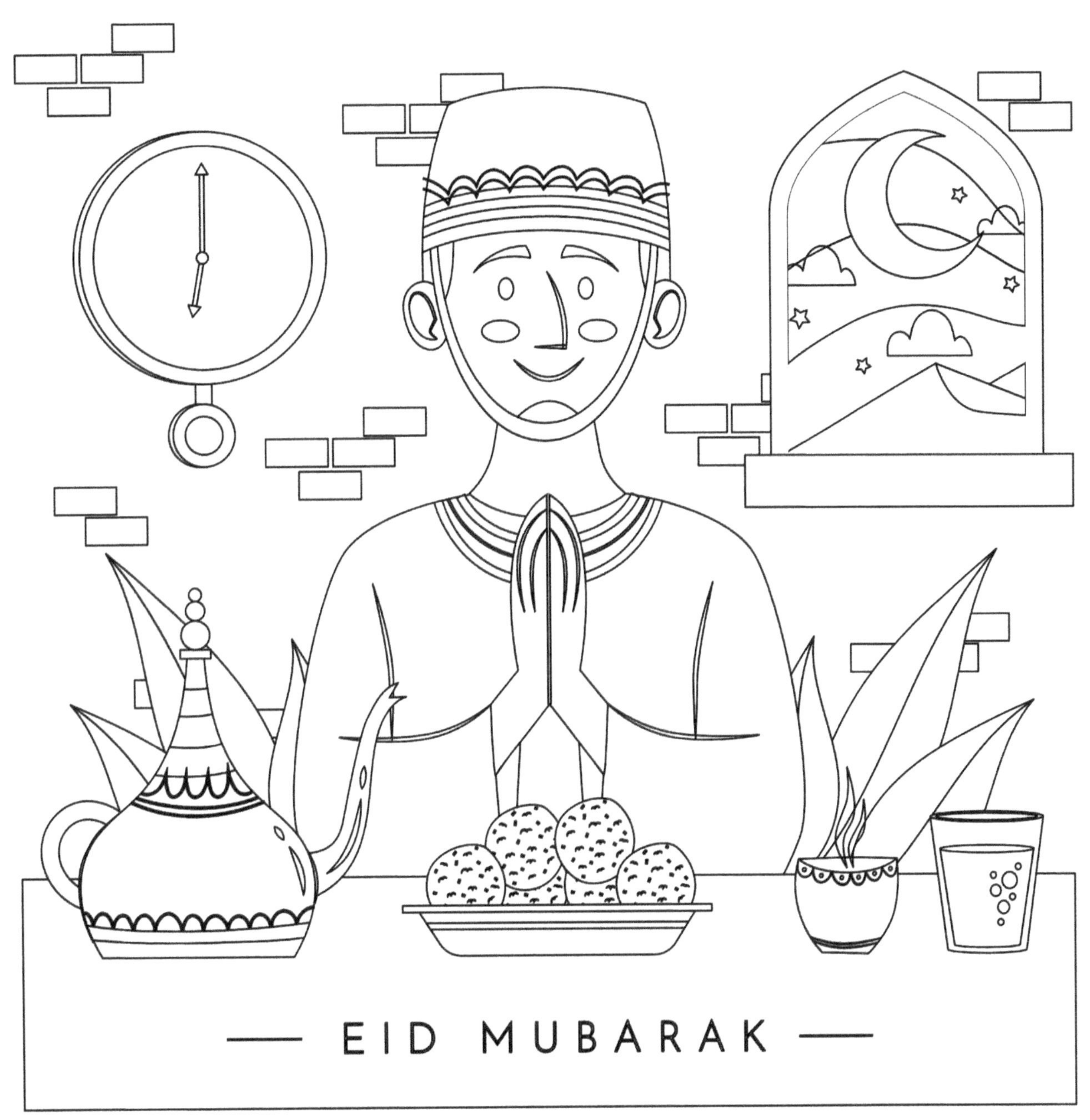

EID MUBARAK

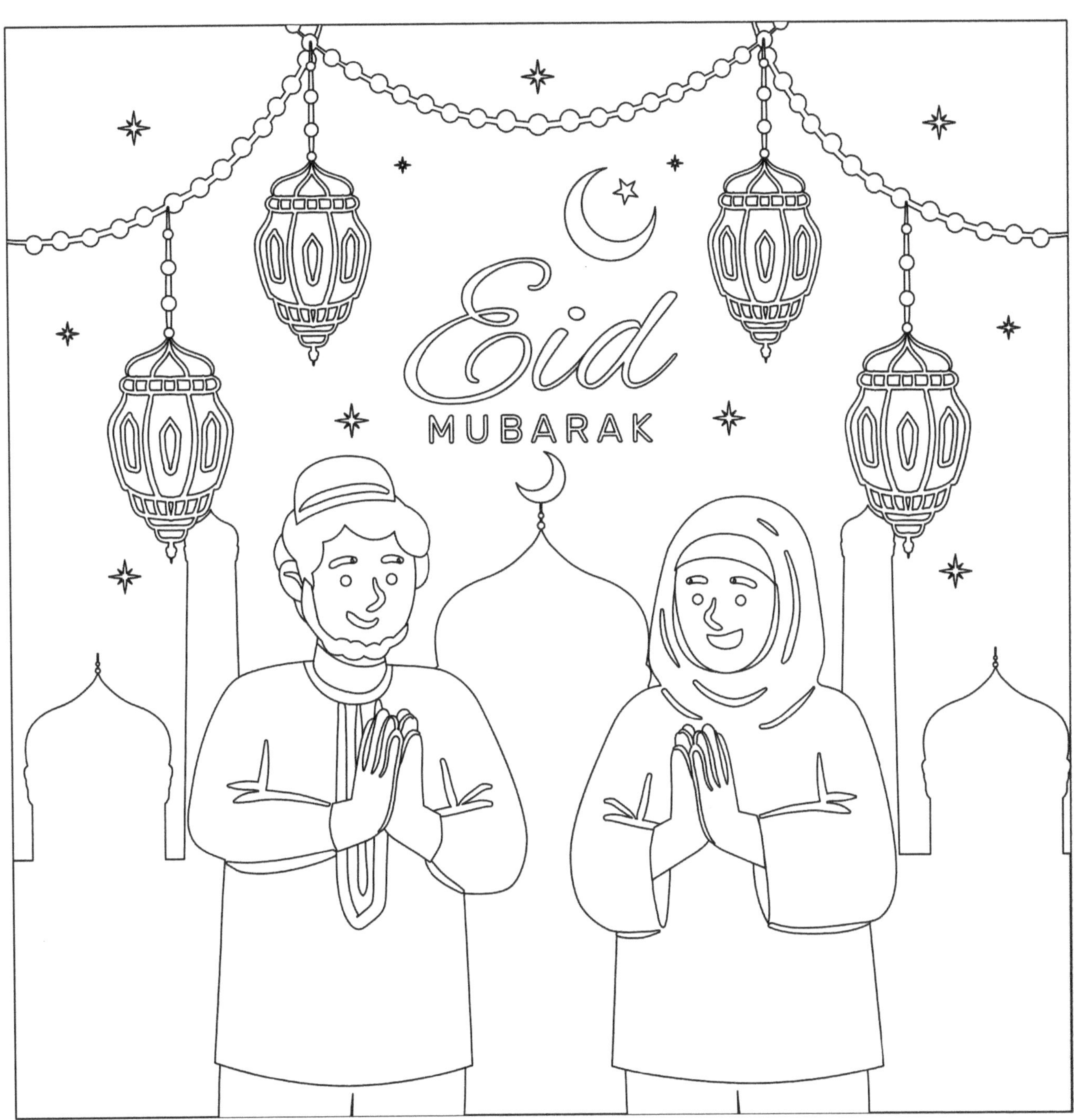
Eid
MUBARAK

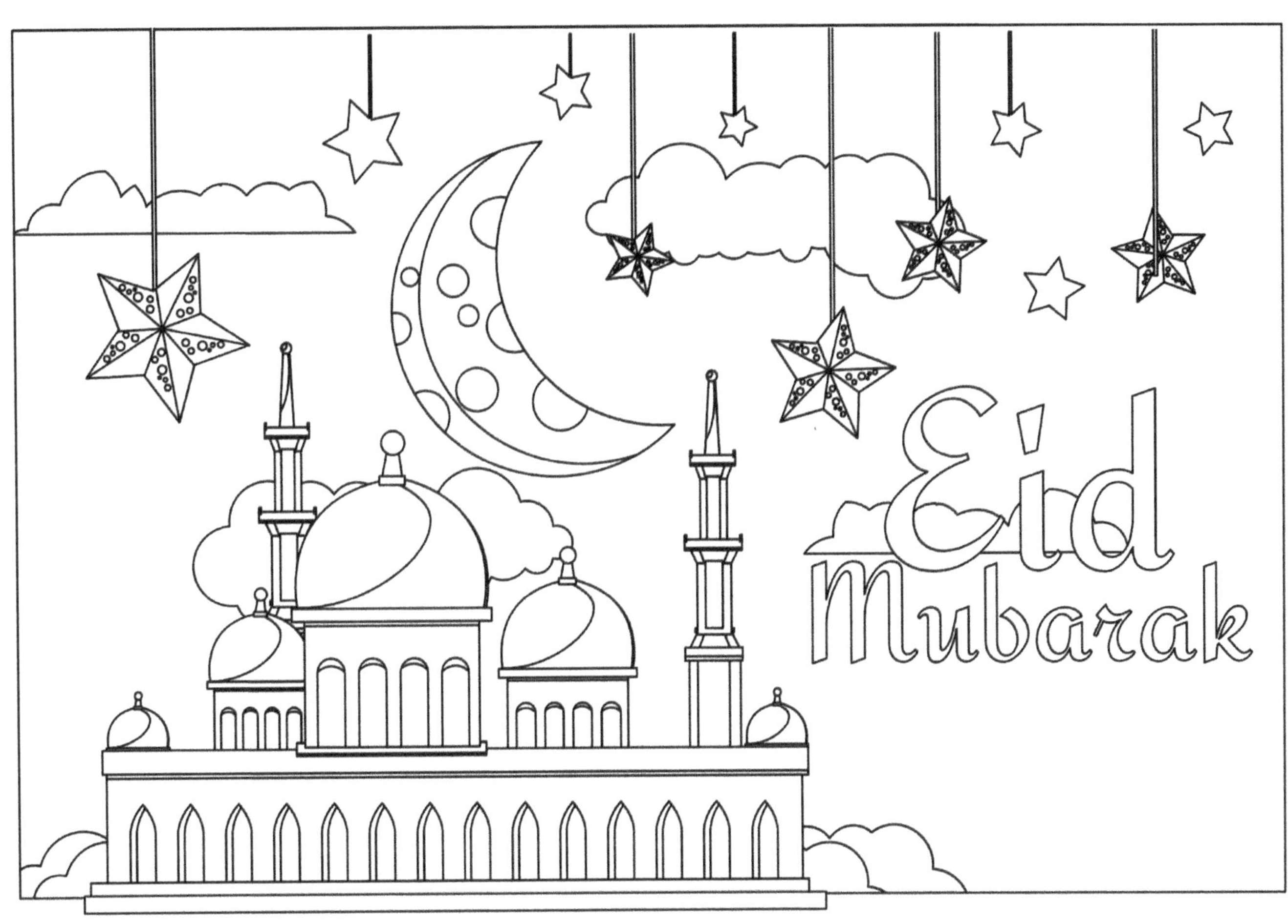

Eid
Mubarak

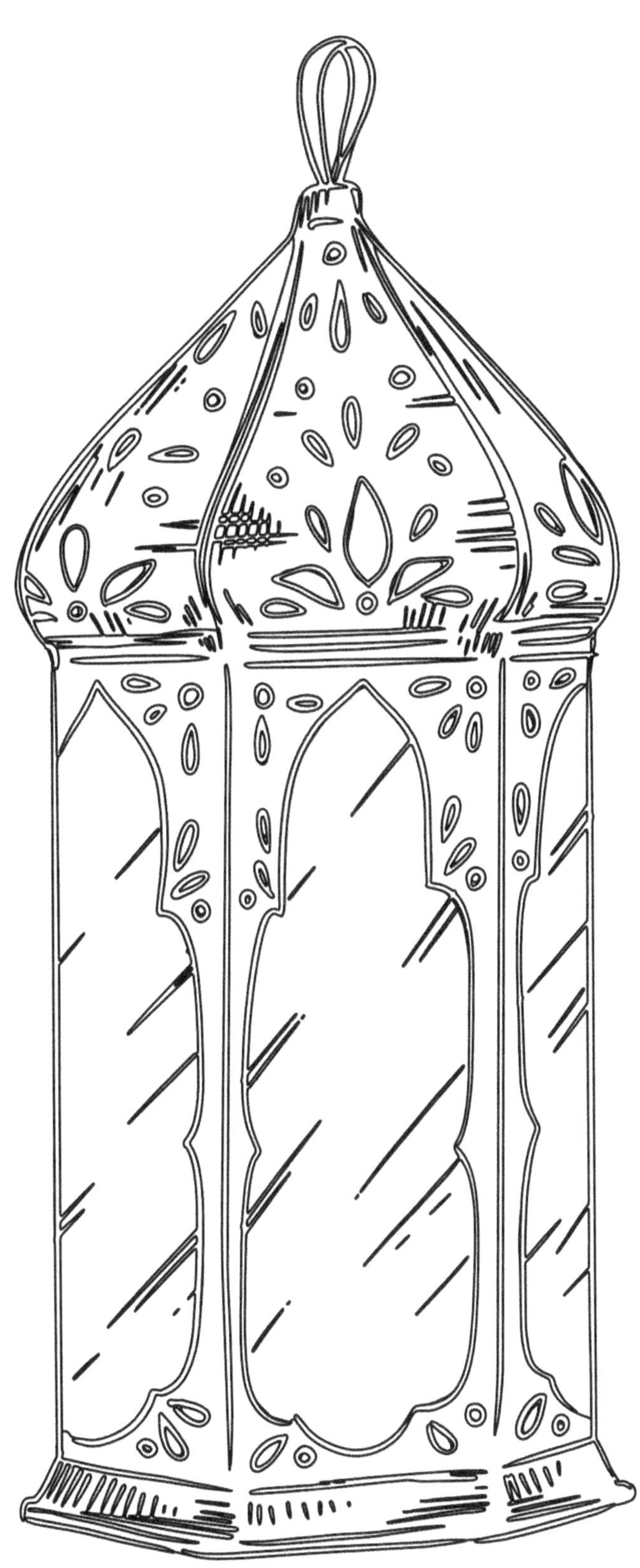